Mark Barker · **Denke nach und werde schlank!**

Ungewöhnliche Denkanstöße bei Oesch/Jopp

Dr. iur. Gabriele Feyerer, Gesundheitsjournalistin: **Original Indian*Essence®.** Das Heilwissen der Indianer für unsere Gesundheit. Neu! ISBN 3-0350-3017-0

Elly Hoekstra/Doke van der Neer, Ismakogie-Trainerinnen: **Der aktive Beckenboden.** Die Spannkraft erhalten, wiederherstellen und fördern – mit sanften Übungen zu mehr Lebensfreude im Alltag. 2. Auflage. ISBN 3-0350-5061-9

Peter Jackson-Main, Heilpraktiker, Iridologe: **Praktische Irisdiagnose.** Was wir in unseren Augen lesen können. Neue Wege zu Vorsorge, Heilung und Wohlbefinden. Neu im April 2006! ISBN 3-0350-1506-6

Dr. med. Christa Keding, praktische Ärztin und Psychotherapeutin: **Gesund durch analytische Kinesiologie.** Der Muskeltest als Brücke zu ganzheitlicher Heilung. 6., überarbeitete Auflage. ISBN 3-0350-5019-8

Gerhard Leibold, Heilpraktiker und Gesundheitsjournalist: **Ich bin, was ich denke.** Vom *Das bringt doch nichts* zum *Ich will es wissen:* Besser und gesünder leben durch positives Denken. Neu! ISBN 3-0350-0036-0

Resi Meier, Kneipp-Therapeutin: **Praktische Kneipp-Anwendungen.** Waschungen, Bäder, Dämpfe, Güsse, Wickel usf. Herausgegeben vom Schweizer Kneippverband. 4., überarbeitete und neugestaltete Auflage, durchgehend in Farbe. ISBN 3-0350-5100-3

Thorre Schlaméus, Physiotherapeut und Kung-Fu-Lehrer: **ZEN oder die Kunst, vom Rauchen zu lassen.** 2. Auflage. ISBN 3-0350-3019-7

Kellina Stewart, Pilates-Trainerin: **PILATES leicht gemacht.** Geschmeidiger Körper, flacher Bauch, schlanke schöne Beine, straffer Po. 5. Auflage (s. S. 173) ISBN 3-0350-3001-4

Shirley Trickett, Krankenschwester: **Endlich wieder angstfrei leben.** Selbsthilferatgeber gegen Angst, Depressionen und Panikattacken. 9. Auflage. ISBN 3-0350-0020-4

Manfred A. Ullrich, Heilpraktiker: **Colon-Hydro-Therapie.** Chronische Krankheiten durch Darmsanierung heilen. 9., überarbeitete Auflage. ISBN 3-0350-5024-4

Gesundheit geht uns über alles!
Bücher von Oesch und Jopp in Ihrer Buchhandlung, Versand- und Internetbuchhandlung
Aktuelle Programm-Informationen kostenlos per Post oder stets unter:
www.joppverlag.ch
www.oeschverlag.ch

Mark Barker

Denke nach und werde schlank!

So erreichen Sie Ihre Ziele – ohne Zwangsdiät. Für immer!

Aus dem Englischen von
Marion Zerbst

Oesch Verlag

Die englische Originalausgabe erschien 2001 unter dem Titel
How to Lose Weight Without Dieting bei Sheldon Press SPCK, London

5. Auflage Januar 2006 (Broschur)

Die Ratschläge in diesem Buch sind von Autor und Verlag sorgfältig erwogen und geprüft; dennoch kann eine Garantie nicht übernommen werden.
Eine Haftung des Autors bzw. des Verlags und seiner Beauftragten für Personen-, Sach- und Vermögensschäden ist ausgeschlossen.

Umschlagfoto: Digitale Fotos
Satz: Oesch Verlag
Druck und Bindung: Ebner & Spiegel, Ulm
Printed in Germany

ISBN 3-0350-6001-0
EAN 978-0350-6001-0

Ich widme dieses Buch meiner Mutter,
die mich stets ermutigt hat; meinem Vater, der mich mit seiner
ständigen Bereitschaft, Neues dazuzulernen, zu einem
geistig aufgeschlossenen Menschen gemacht hat, und all meinen
Klientinnen und Klienten, von denen ich so viel gelernt habe.

Inhalt

Teil 4: Aktionsplan

Eine psychologische Strategie zum Abnehmen

Dieses Zehn-Wochen-Programm soll Sie zu folgendem befähigen:

- kontinuierlich abzunehmen und dann auch bei dem Gewicht zu bleiben, bei dem Sie sich wohl fühlen (und zwar ohne Diät)
- das Essen zu genießen – ohne plötzliche Stimmungsumschwünge zwischen Eßlust und Ekel vor dem Essen
- zu essen, um zu leben – und nicht zu leben, um zu essen
- nur dann zu essen, wenn Sie auch wirklich Hunger haben
- »Freßattacken« für immer zu überwinden
- selbstbewußter und glücklicher zu werden
- besser mit Ihren Gefühlen umzugehen
- mehr Erfüllung in Ihren Partnerbeziehungen zu finden
- kein schlechtes Gewissen mehr zu haben
- Ihren Horizont zu erweitern und erfolgreich zu sein

Das Programm besteht aus vier Teilen:

Teil 1: Die wichtigsten Grundregeln

Im ersten Teil des Buches sollen die Voraussetzungen für dieses Programm geklärt werden. Sie erfahren, warum Diäten wirkungslos sind, und bekommen klare Anleitungen, wie Sie das Programm erfolgreich durchführen können.

Teil 2: Die Ursachen Ihres Gewichts-/Eßproblems verstehen lernen

In diesem Teil des Buches gehe ich auf die emotionalen und psychologischen Faktoren ein, die oft einen sehr starken Einfluß auf unsere Eßgewohnheiten haben. Dabei berücksichtige ich auch die Faktoren, die Sie persönlich geprägt haben, und helfe Ihnen so, den Ursachen Ihrer Eßprobleme auf den Grund zu kommen.

Teil 3: Psychologische und praktische Lösungsvorschläge

Teil 3 zeigt Ihnen, wie Sie Ihr Leben durch Selbstbewußtsein, Änderung Ihrer (Eß-)Gewohnheiten und die Fähigkeit, Ihre emotionalen Bedürfnisse zu befriedigen, besser in den Griff bekommen können. In diesem Teil des Programms entscheiden Sie, was Sie an Ihrer inneren Einstellung und Ihrem Verhalten ändern müssen, um Ihre Eßprobleme zu lösen.

Teil 4: Aktionsplan

Nun ist es Zeit, zu handeln. Sie wissen jetzt, was Sie zu tun haben, warum Sie es tun müssen und wie Sie Ihren Plan in die Praxis umsetzen können. In diesem Abschnitt des Buches stelle ich Ihnen einen Zehn-Wochen-Plan mit Schritt-für-Schritt-Maßnahmen zum Abnehmen vor, der garantiert zum Erfolg führt.

Teil 1: Die wichtigsten Grundregeln

Einführung

Dies ist keines der herkömmlichen Programme zur Gewichtsreduktion. Es enthält keine Diät und auch kein Trainingsprogramm zum Abnehmen. Sie brauchen keine Diät-Drinks mit Quellstoffen zu trinken und auch keine Appetitzügler einzunehmen. Um Ihnen zu erläutern, wie ich das Geheimnis der dauerhaften Gewichtskontrolle gelüftet habe, müssen wir ein paar Jahre in die Vergangenheit zurückblicken.

Im Jahr 1982 begann ich nach Beendigung meiner Fachausbildung als Psycho- und Hypnotherapeut zu praktizieren. Meine Klienten hatten die verschiedensten Probleme – vom Nägelkauen bis hin zur Flugangst. Am häufigsten jedoch wurde ich in meiner Praxis mit Gewichtsproblemen konfrontiert. Vor allem Frauen kamen mit diesem Problem zu mir.

Ich behandelte im Durchschnitt zehn Klientinnen pro Woche, die ein – wie auch immer geartetes – Eßproblem hatten. Nach fünf Jahren hatte ich ungefähr 2500 Therapiesitzungen hinter mir, bei denen es um das Thema »Frauen und Essen« ging.

Einige meiner Klientinnen wollten nur fünf Kilo abnehmen, andere zehn, zwanzig, dreißig oder noch mehr. Manche aßen nur ein bißchen zuviel, andere litten unter regelrechten Freßattacken. Einige dieser Frauen – unter denen sowohl junge Mädchen als auch Rentnerinnen waren – hatten eigentlich gar kein Übergewicht; aber das Essen oder ihre persönliche Körperwahrnehmung beherrschte ihr Leben.

Trotz all dieser Unterschiede entdeckte ich bald einen roten Faden, der sich durch das Leben dieser Frauen zog – und dieser rote Faden hatte gar nicht direkt etwas mit dem Essen zu tun. So begann ich zu verstehen, warum mir so viele Frauen folgende Fragen stellten:

»Warum halte ich nie eine Diät durch?«
»Warum habe ich immer so ein schlechtes Gewissen?«
»Warum nehme ich nach jeder Diät sofort wieder zu?«
»Warum esse ich den Kühlschrank leer, wenn ich wütend oder deprimiert bin oder mich einsam fühle?«
»Ich weiß genau, was ich essen sollte und was nicht. Warum schmeckt mir immer ausgerechnet das, was nicht gut für mich ist?«
»Ich denke dauernd ans Essen. Wie kann ich mich von diesem Zwang befreien?«

Als ich meinen Klientinnen bei der Suche nach Antworten auf diese Fragen zu helfen begann, staunte ich darüber, wie klar die Lösungen für ihre Eßprobleme plötzlich auf der Hand lagen. Binnen Wochen begannen sich Eßgewohnheiten zu verändern, die sie jahrelang durchs Leben begleitet hatten.

Dieses Programm enthält die Quintessenz dessen, was ich in diesen Hunderten von Therapiesitzungen erlebt habe. Ich bin den ständig wiederkehrenden Themen nachgegangen und habe die neuesten psychologischen Techniken in das Programm integriert, die es Ihnen ermöglichen werden, Ihr Gewichts-/Eßproblem zu lösen – und zwar *für immer.*

Ich möchte auch Sie an dem Erfolg und an der Freiheit teilhaben lassen, die die meisten meiner Klientinnen durch die Therapiesitzungen erlangt haben. Das dauerte nur fünf bis zehn Wochen, und sie hatten während dieser Zeit lediglich eine einstündige Sitzung pro Woche; im Anschluß daran – und das ist das Entscheidende an dem Programm – mußten sie selbständig Veränderungen in ihrem täglichen Leben durchführen. Dieses Programm besteht aus einem Zehn-Wochen-Aktionsplan. Es ist eigentlich als Selbsthilfeprogramm gedacht; aber wenn Sie eine gute Freundin haben, die das Programm ebenfalls absolvieren möchte, kann es für Sie beide durchaus sinnvoll sein, wenn Sie Ihre Fortschritte, Probleme und Ideen miteinander besprechen.

Bitte beachten Sie:
Ich behaupte nicht, daß meine Erkenntnisse zum Thema Eßprobleme etwas Einzigartiges sind; andere Therapeuten und Psychologen sind inzwischen zu ähnlichen Schlußfolgerungen gekommen. Diese Schlußfolgerungen bestätigen meine Erkenntnisse und stärken mein Vertrauen in die Grundprinzipien, auf denen dieses Programm basiert. Das wirklich Einzigartige an meinem Programm sind die Lösungen, die ich anbiete. Bei meinen Recherchen in Büchern und Artikeln zu diesem Thema stellte ich immer wieder fest, daß viel zuviel Wert auf die Analyse des Problems gelegt wurde, statt sich auf die Lösungen zu konzentrieren. Sie brauchen schließlich Lösungen. In diesem Programm werden Sie sie finden.

Ist dieses Programm überhaupt für Sie geeignet?

Die meisten meiner Klientinnen hatten Übergewicht und wollten abnehmen. Einige waren zwar zufrieden mit ihrem Gewicht, hatten jedoch Mühe, es zu halten. Die Methoden meines Programms eignen sich für beide Kategorien. Deshalb gehe ich in diesem Buch nicht nur auf Gewichtsprobleme, sondern auch auf Gewichts-/Eßprobleme ein.

Zwei extreme Eßstörungen sind Anorexie (Magersucht) und Bulimie (dabei wechseln Hungerphasen mit Eßattacken ab, nach denen Erbrechen herbeigeführt wird). Obwohl diese beiden schweren Störungen sich in unterschiedlichen Symptomen äußern, haben sie viele gemeinsame Ursachen. Menschen, die an solchen extremen Eßstörungen leiden, rate ich zu einer persönlichen Behandlung bei einem professionellen Therapeuten; doch auch sie können in diesem Buch bestimmt vieles entdecken, was ihnen weiterhilft.

Um zu testen, ob dieses Programm für Sie in Frage kommt, sollten Sie folgende Fragen beantworten:

1. Haben Sie schon mehrere Diäten ausprobiert?
2. Haben die meisten dieser Diäten – oder alle – sich früher oder später als Fehlschlag erwiesen?
3. Kommt es manchmal vor, daß Sie sich selbst nicht leiden können?
4. Denken Sie oft ans Essen?
5. Essen Sie auch dann, wenn Sie gar keinen Hunger haben?
6. Ist Ihr Selbstbewußtsein angeknackst?
7. Essen Sie oft nur deshalb, weil Sie das Gefühl haben, einen Trost zu brauchen?
8. Leiden Sie manchmal unter »Freßattacken«?
9. Müßte an Ihren Beziehungen zu anderen erwachsenen Menschen noch vieles verbessert werden?
10. Haben Sie das Gefühl, Ihr Leben nicht unter Kontrolle zu haben?

Wenn Sie fünf oder noch mehr Fragen mit Ja beantwortet haben, ist dieses Programm sehr gut für Sie geeignet. Zwei bis vier Ja-Antworten bedeuten, daß das Programm sich relativ gut für Sie eignet. Bei weniger als zwei mit Ja beantworteten Fragen sollten Sie versuchen, Ihr Problem mit einer anderen Methode zu lösen.

Wundermittel gibt es nicht

Manche meiner Klienten sagen bei der ersten Sitzung: »Hypnotisieren Sie mich doch einfach, und sagen Sie mir in der Hypnose, daß ich nicht mehr so viel essen soll.« Diese Bitte ist völlig verständlich, wenn man bedenkt, daß wir in einer Gesellschaft leben, in der es für fast alles ein »Wundermittel« gibt. Eine Pille gegen Depressionen, eine Pille gegen Nervosität, eine Vitaminpille, eine Pille als Appetitzügler. Lesen Sie nur einmal die Werbeanzeigen: »Mit diesem elektrischen Massagegürtel verschwinden Ihre Fettpölsterchen im Handumdrehen«, »Neues Wundermittel hemmt die Kalorienaufnahme« oder »Der neue elektronische Kalorienzähler«. Und wie oft haben Sie schon die Schlagzeile gelesen: »Diese neue Diät funktioniert wirklich«?

All diese Produkte haben drei Dinge gemeinsam:

1. Sie behaupten, Ihnen die ganze Arbeit abnehmen zu können (und vermitteln damit den Eindruck, daß Gewichtsreduktion etwas ganz Einfaches ist).
2. Sie wenden sich an alle Menschen, die abnehmen möchten (das heißt, sie gehen davon aus, daß jeder die gleichen Bedürfnisse hat).
3. Man erzielt mit diesen Methoden bestenfalls einen vorübergehenden Erfolg. (Sobald Sie das »Wundermittel« absetzen, haben Sie wieder mit dem gleichen Problem zu kämpfen – und oft ist es dann noch viel gravierender als vorher).

Wissenschaftliche Untersuchungen zeigen, daß 97 Prozent aller Menschen, die abnehmen, die Pfunde, die Sie so mühsam losgeworden sind, früher oder später wieder ansetzen.

Ich lehne die »Wundermittel-Lösung« ab, weil sie einfach nicht funktioniert. Und deshalb schwinge ich auch nicht den Zauberstab des Hypnotiseurs. (Die meisten Hypnosekassetten auf dem Markt führen nur zu vorübergehenden Erfolgen. Doch in Kombination mit diesem Programm könnte eine solche Kassette oder CD für Sie durchaus hilfreich sein.)

Ich glaube, daß Sie dazu in der Lage sind, Ihre Probleme zu verstehen und zu lösen, wobei ich Ihnen anfangs Hilfestellung gebe. Ich glaube, daß Sie ein wunderbares, einmaliges menschliches Wesen sind, und ich bedaure, nicht persönlich mit Ihnen arbeiten zu können. Ich könnte sicherlich einiges von Ihnen lernen. Ohne Feedback von meinen Klienten hätte ich dieses Programm niemals zu entwickeln vermocht.

Ich glaube, daß in Ihnen noch viele unentdeckte Möglichkeiten und Fähigkeiten schlummern, die nur darauf warten, endlich genutzt zu werden. Natürlich kann ich es nicht hundertprozentig genau wissen, aber ich vermute, daß Sie inzwischen von den leeren Versprechungen der Wundermittel genug haben und eine wissenschaftlich fundiertere, dauerhaftere Lösung suchen.

Wie man mit diesem Buch arbeitet

Dieses Buch ist ein Arbeitsbuch. Es hilft Ihnen, Ihre Probleme Schritt für Schritt zu verstehen und zu lösen, verlangt aber auch von Ihnen, daß Sie selbst einen aktiven Beitrag dazu leisten.

Ein Arbeitsbuch bezieht Sie mit ein und weckt so Ihr Interesse: Sie sind die Hauptperson in diesem Buch. Sie sollen Ihre Ideen und Erkenntnisse darin festhalten und auf diese Weise Ihre eigene Fallgeschichte schreiben. So werden Sie unter meiner Anleitung zu Ihrer eigenen Therapeutin / Ihrem eigenen Therapeuten.

Wenn Sie das Programm absolviert haben und später wieder einmal in dieses Arbeitsbuch hineinschauen, werden Sie vielleicht darüber staunen, wie sehr Sie sich innerhalb relativ kurzer Zeit verändert haben.

Ein Arbeitsbuch erfordert eine gewisse Anstrengung von Ihnen – und das ist sehr wichtig.

Denn wer sich ändern will, der muß sich auch Mühe dazu geben.

Die meisten Bücher liest man einfach nur durch, und so großartig die Ideen darin auch sein mögen – sie hinterlassen nur selten einen tiefen, bleibenden Eindruck. Denken Sie nur einmal daran, was für ein Unterschied es ist, ob Sie sich eine Reisesendung im Fernsehen anschauen oder selbst auf eine Reise gehen. Das Fernseherlebnis ist zu Ende, sobald Sie das Gerät wieder ausschalten; doch die Reise, die Sie persönlich erlebt haben, bleibt Ihnen in Erinnerung – vielleicht sogar ein Leben lang.

Ich versichere Ihnen, daß die Arbeit, die Sie im Rahmen dieses Programms leisten müssen, nur ein Bruchteil der Mühe ist, die Sie schon für Diäten investiert haben – und das Buch kostet auch nur einen Bruchteil davon! Anstrengung ist nicht gleichbedeutend mit harter Arbeit. Wenn Sie an dem Programm interessiert und motiviert sind, ist Anstrengung etwas ganz Natürliches – sie gibt Ihnen das Gefühl, etwas geleistet zu haben.

Um sich zum Erfolg zu motivieren, sollten Sie sich fragen: »Möchte ich noch das ganze nächste Jahr … die nächsten fünf Jahre … den Rest meines Lebens mit meinem Gewichts-/Eßproblem leben?«

Die größten Hindernisse, die Ihrem Erfolg im Weg stehen, sind wahrscheinlich Ihr Mangel an Motivation und Ihre Angst, es nicht zu schaffen.

Es gibt auch gesunde Ängste – zum Beispiel die Angst, die man hat, wenn man an einem stürmischen Tag nah am Rande eines Abhangs spazierengeht. Diese Angst schützt uns vor einer echten Gefahr. Doch die Ängste der meisten Menschen beruhen nur auf eingebildeten Gefahren. Diese unnötigen Ängste entstehen dadurch, daß wir mit dem Schlimmsten rechnen. Falls Sie also Angst haben sollten, es nicht zu schaffen, versuchen Sie es einmal mit folgender Übung:

Stellen Sie sich vor, daß Sie wirklich daran glauben, daß dieses Programm Ihnen helfen wird.

Hämmern Sie sich diese positive Erwartung förmlich ein: »Ich will, daß es funktioniert, und es wird funktionieren, es wird funktionieren, es wird funktionieren …« Dann atmen Sie tief ein und sagen mit fester, entschlossener Stimme laut vor sich hin: »Ich werde alles dafür tun, daß es funktioniert – und es wird funktionieren.« Klingen diese Worte aus Ihrem Mund überzeugend? Beim ersten Mal gelingt es Ihnen vielleicht nicht hundertprozentig, doch während Ihrer Arbeit an dem Programm werden Ihr Selbstvertrauen und Ihre Zuversicht wachsen.

Anleitung zum Programm

Ehe Sie sich in die Arbeit an diesem Programm stürzen, möchte ich, daß Sie erst einmal genau verstehen, worum es dabei geht.

Regel Nummer 1: Lassen Sie sich auf keine Diät mehr ein!

Wir wollen zunächst definieren, was mit »Diät« gemeint ist, denn das Wort hat zwei verschiedene Bedeutungen. Einerseits sind damit ganz spezielle Ernährungsformen gemeint, die man bei bestimmten Erkrankungen einhalten muß – beispielsweise eine salzarme Diät für Menschen mit Nierenerkrankungen, eine Diabetes-Diät usw. Meist bezeichnet man mit dem Begriff »Diät« jedoch eine bestimmte Ernährungsweise, an die man sich eine gewisse Zeitlang hält, um abzunehmen – also eine Gewichtsreduktionsdiät. Es gibt schlechte und weniger schlechte Gewichtsreduktionsdiäten; doch all diese Diäten werden immer nur für eine begrenzte Dauer durchgeführt und sind mit intensiven Emotionen verbunden, was im schlimmsten Fall sogar dazu führen kann, daß die Diät zum Zwang wird.

Zwanghaftes Diäthalten ist das Gegenteil von zwanghaftem Essen. Das eine Problem erzeugt das andere – so kann ein gefährlicher Teufelskreis entstehen. Sie können diesen selbstzerstörerischen Kreislauf durchbrechen, indem Sie sich auf keine Diät mehr einlassen. Dazu müssen Sie nur verstehen, warum Diäten nicht gut für Sie sind.

1. Diäten nützen nichts.
Keine Diät, die Sie je ausprobierten, hat Ihnen einen dauerhaften Erfolg gebracht; sonst würden Sie sich jetzt nicht mit diesem Programm beschäftigen. Vielleicht hat die eine oder andere Diät eine Zeitlang gewirkt – aber »eine Zeitlang« reicht nicht aus.

2. Jede Diät ist von vornherein zum Scheitern verurteilt.
Also versuchen Sie es mit einer anderen Lösung.

3. Diäten führen nur dazu, daß Sie noch mehr essen.
Die Diät weckt in Ihnen das Gefühl, zu leiden und etwas zu versäumen. Haben Sie noch nie die Erfahrung gemacht, daß Sie nach Beendigung einer Diät besonders viele »verbotene« Sachen essen, um sich für die vergangenen Entbehrungen zu entschädigen?

4. Diäten erzeugen Schuldgefühle.
Sicher haben Sie während einer Diät auch hin und wieder einmal »gesündigt« und konnten den verbotenen Leckerbissen dann gar nicht richtig genießen, weil sie ein viel zu schlechtes Gewissen hatten!

5. Diäten stellen Essen als Feind hin.
Wir brauchen Nahrung, um zu leben – wir müssen essen. Aber Diäten teilen Nahrungsmittel in die Kategorien »Gut« und »Schlecht« ein. Und oft schmecken uns eben leider gerade die »schlechten« Nahrungsmittel. So entwickeln wir eine Haßliebe zum Essen, obwohl Essen eigentlich pures Vergnügen für uns sein sollte – ungetrübt von Schuldgefühlen.

6. Diäten machen hungrig.
Oft machen die »erlaubten« Nahrungsmittel oder die Drinks zum Abnehmen, die man anstelle der Mahlzeiten einnimmt, einen nur hungrig; und dadurch, daß man dann ständig ans Essen denkt, wird der Hunger noch quälender. Wenn Sie weiterhungern, leiden Sie; wenn Sie Ihrem Hunger nachgeben, haben Sie ein schlechtes Gewissen. Was Sie auch tun – bei diesem Spiel sind Sie immer der Verlierer.

7. Diäten führen dazu, daß Sie zwanghaft ans Essen oder an Kalorien denken.
Je mehr Einschränkungen Ihre Diät Ihnen auferlegt, um so intensiver werden Ihre Gedanken ums Essen kreisen. Irgendwann kann es so weit kommen, daß diese unerwünschten Gedanken Ihr ganzes Leben beherrschen. Manche Menschen leben dann tatsächlich nur noch für ihre Diät. Das kann zu Eßstörungen führen.

8. Durch Diäten verliert man den Kontakt zu seinen physischen Bedürfnissen.
Dadurch, daß Sie die natürlichen Signale Ihres Körpers ignorieren, der Ihnen sagt, wann Sie etwas essen sollten, beginnen Sie gegen Ihren Körper anzukämpfen, statt zu lernen, seine Impulse richtig zu interpretieren, wie es jedes wildlebende Tier instinktiv tut. Dadurch wird es nur um so schwerer, sich wieder an ein natürliches, gesundes Eßverhalten zu gewöhnen.

9. Diäten vermitteln Ihnen das Gefühl, ein Versager zu sein.
Je öfter Sie mit einer Diät Mißerfolg hatten, um so eher werden Sie die Schuld bei sich selbst suchen und sich dafür schämen.

10. Diäten verwirren Sie.
Es gibt so viele verschiedene Arten von Diäten – an welche sollen Sie sich halten? An die eiweißreiche, die ballaststoffreiche, die Traubendiät oder an die Diät, bei der man nur mageres Fleisch essen darf …?

11. Diäten können dick machen.
Eine sehr kalorienarme Diät reduziert nicht nur Fett-, sondern auch Muskelgewebe. Solange Sie das erreichte Gewicht halten, ist dagegen nichts einzuwenden; aber das gelingt nur sehr wenigen Leuten. Sobald Sie zu Ihren alten Eßgewohnheiten zurückkehren, setzen Sie möglicherweise schneller Fett an, als sich neues Muskelgewebe bildet. Wenn Sie also ursprünglich 65 Kilo gewogen, dann sehr rasch 10 Kilo abgenommen und ebenso schnell wieder zugenommen haben, kann es sein, daß Ihr Körperfettanteil zugenommen hat.

Es ist auch erwiesen, daß kalorienarme Diäten den Grundumsatz senken. Ihr Körper versucht mit den kargen Essensrationen, die er bekommt, möglichst sparsam umzugehen. Das bedeutet, daß er Kalorien langsamer verbrennt, was das Abnehmen noch mehr erschwert!

Bitte beachten Sie:
Vielleicht wird es Ihnen schwerfallen, mit den Diäten aufzuhören. Wenn Ihnen bei dem Gedanken daran unwohl zumute ist, sind Diäten vielleicht schon zum Zwang für Sie geworden. Manche Menschen haben das Gefühl, daß sie es verdient haben, zu leiden, wenn sie sich selbst so wenig unter Kontrolle haben – wenn sie zu

dick sind oder ihre Eßlust nicht im Zaum halten können. Vielleicht haben Sie auch Angst, rasch wieder zuzunehmen, sobald Sie mit Ihrer Diät aufhören.

Ich habe Ihnen gerade elf Gründe genannt, warum Sie sich nicht mehr auf eine Diät einlassen sollten. Wie viele Gründe fallen Ihnen ein, die für Diäten sprechen? Wenn Diäten bei Ihnen bereits zu einem Zwangsverhalten geworden sind, müssen Sie sich vielleicht ganz langsam und allmählich von diesem Bedürfnis lösen. Der erste Schritt dazu ist, sich klarzumachen, wie viele Argumente gegen Diäten sprechen, und zu begreifen, daß Ihre Welt nicht zusammenbricht, wenn Sie nun endlich damit aufhören.

Widersprüchliche Botschaften

Die Werbeanzeigen in den Frauenzeitschriften versuchen Ihnen immer wieder einzuhämmern, daß Diäten und Diät-Nahrungsmittel gut für Sie sind.

Doch viele Artikel in den gleichen Zeitschriften, die aus der Feder von Ernährungswissenschaftlern, Eßtherapeuten und Psychologen stammen, sprechen eine ganz andere Sprache. Da geht es um Themen wie: »Angst kann dick machen«, »Streßfaktor Fett« oder »Essen Sie, wenn Sie Kummer haben?« Die meisten dieser Artikel sind von ihrer Grundidee her gut, hinterlassen beim Leser aber keinen dauerhaften Eindruck, weil sie so kurz sind. Sie können zwangsläufig nur sehr allgemeine, oberflächliche Informationen bieten. Das Programm in diesem Buch beinhaltet viele der guten Ideen, die Sie vielleicht schon in solchen Artikeln gelesen haben, geht aber viel tiefer.

Regel Nummer 2: Essen Sie, was Ihnen schmeckt!

Diese zweite Regel kommt Ihnen vielleicht merkwürdig, ja sogar beängstigend vor. Nehmen wir an, Sie essen gerne Chips und

Schokolade. Wie können solche Nahrungsmittel Ihnen beim Abnehmen helfen?

Dahinter steckt folgende Überlegung: Wenn bestimmte Nahrungsmittel, die Sie gern mögen, in die Kategorie »verboten« fallen, leiden Sie darunter, sie nicht essen zu dürfen – und Ihr Appetit darauf wächst dadurch immer mehr. Wenn Sie Ihrem Heißhunger schließlich nachgeben, haben Sie hinterher zwangsläufig ein schlechtes Gewissen. Diese Gewissensbisse führen dazu, daß Sie wieder mit einer neuen Diät anfangen – ein Teufelskreis.

Sobald Sie mit den Diäten aufhören und beginnen, die Ursachen Ihres Eßproblems anzugehen, lernen Sie, wieder auf die Signale Ihres Körpers zu hören. Dann hören Sie wieder, daß Ihr Körper Ihnen sagt: »Ich will nur ein einziges Stück Schokolade«, ohne daß Ihr Gehirn sich einmischt und mit viel lauterer Stimme sagt: »Ich will die ganze Tafel.« Ihr Körper sagt Ihnen auch: »Iß diesen Salat, der viele wertvolle Nährstoffe enthält, und nicht diese fetthaltigen Teigwaren oder diese Süßspeise – das sind nur leere Kalorien.« Und dann nehmen Sie automatisch ab, weil Sie weniger »Dickmacher« und mehr natürliche »Schlankmacher« zu sich nehmen. Dann hören Sie beim Essen nicht mehr auf Ihre emotionalen, sondern auf Ihre körperlichen Bedürfnisse.

Und schließlich werden Sie so weit sein, daß Sie sich ganz automatisch für gesunde Nahrungsmittel entscheiden. Ihre ganze Ernährungsweise wird sich verändern, denn jetzt hören Sie auf die Stimme Ihres Körpers, statt Raubbau mit ihm zu treiben. Jetzt wollen Sie nicht mehr einfach nur schlank sein, sondern schlank und gesund.

Regel Nummer 3: Hungern Sie nicht!

Hunger ist nur eine Form des Leidens. Wenn Sie Mahlzeiten auslassen und hungern oder sich irgendwelche anderen Entbehrungen auferlegen, die mit dem Essen zu tun haben, führt das nur dazu, daß Sie ständig ans Essen denken.

Es gibt ein sehr wichtiges Gesetz:

Je mehr Sie sich bemühen, nicht an etwas zu denken, um so öfter wird es Ihnen einfallen.

Zum Beispiel: Versuchen Sie einmal, nicht an einen durch die Luft fliegenden Doppeldecker-Bus zu denken … Was haben Sie gerade eben vor Ihrem geistigen Auge gesehen?

Die Konsequenz daraus ist, daß es praktisch unmöglich ist, alle Gedanken ans Essen aus Ihrem Gehirn zu verbannen, wenn Sie hungrig sind. Dieses Programm wird Ihnen helfen, zu essen, wenn Sie Hunger haben, und nicht zu essen, wenn Sie keinen Hunger haben. Schließlich sind unsere Körper schon seit Jahrmillionen so konstruiert!

Regel Nummer 4:
Treiben Sie Sport, wenn es Ihnen Spaß macht!

Wenn Sie Freude an körperlicher Aktivität haben, reagieren Sie auf die natürlichen Signale Ihres Körpers. Das ist großartig. Bewegung kann Ihnen dazu verhelfen, sich in physischer und psychischer Hinsicht wohl zu fühlen. Daher kann ich Ihnen nur empfehlen, sich zu bewegen. Vielleicht reicht es schon, zu Fuß irgendwohin zu gehen, statt mit dem Auto oder mit dem Bus zu fahren. In der freien Natur fressen die Tiere, wenn sie Hunger haben, trinken, wenn sie Durst haben, und bewegen sich – Bewegung ist ein natürlicher Bestandteil ihres Lebens. In freier Wildbahn gibt es keine dicken Tiere; es gibt nur Haustiere, die dick sind, weil sie die gleiche Lebensweise angenommen haben wie ihre menschlichen Besitzer.

Aber wenn Ihnen körperliche Aktivität keinen Spaß macht, zwingen Sie sich nicht dazu – Sie sollen nicht leiden. Wenn Sie wieder lernen, auf die Signale Ihres Körpers zu reagieren, wird Bewegung ganz von selbst zu einem angenehmen Bestandteil Ihres täglichen Lebens werden.

Vorsicht:
Der Fitneß-Trend hat sich inzwischen – ebenso wie die Diäten – zu einem sehr lukrativen Geschäft entwickelt. Die Medien setzen uns ständig unter Druck und hämmern uns ein, daß wir unbedingt fit sein müssen, ob wir nun zwanzig oder fünfzig Jahre alt sind. Es gibt unzählige Videos mit Prominenten in schicken Jogging- und Aerobic-Anzügen.

Noch bis vor kurzem wurde der Preis, den man für den »idealen Körper« bezahlen muß, streng geheimgehalten. Jane Fonda hat nach 23 Leidensjahren nun endlich den Mut gehabt, offen ihre Meinung zu sagen:

»Die Gesellschaft schreibt uns vor, daß wir schlank zu sein haben. Die meisten Menschen haben nicht viele Möglichkeiten, selbst über ihr Leben zu bestimmen. Aber unser Gewicht können wir kontrollieren – entweder, indem wir uns zu Tode hungern, oder, indem wir essen, was wir wollen, und dafür sorgen, daß man die Konsequenzen nicht sieht …

Ich habe schon immer gern gegessen, aber ich wollte auch superschlank sein. Es dauerte nicht lange, da litt ich unter einer schweren Bulimie – ich habe fünfzehn- bis zwanzigmal pro Tag Essen in mich hineingeschaufelt und wieder erbrochen! … Die Bulimie war mein geheimes ›Laster‹. Niemand durfte etwas davon erfahren; und da man von mir erwartete, daß ich immer stark und perfekt war, konnte ich nicht einmal vor mir selbst zugeben, daß ich eine Schwäche hatte und an einer schweren Krankheit litt.«

Auch vom ehemaligen Spice-Girl Geri Halliwell wurde vor kurzem berichtet, daß sie eine Zeitlang an Bulimie litt. Ich bin überzeugt davon, daß viele der großen weiblichen Sexidole erhebliche Probleme mit dem Essen und mit ihrem Gewicht haben.

Uma Thurman, die Hauptdarstellerin von *Pulp Fiction* und *Gefährliche Liebschaften,* hat ebenfalls zugegeben, psychische Probleme mit ihrem Gewicht zu haben. Sie hält sich für übergewichtig. »Ich finde mich zu dick«, sagt sie.

Lassen Sie sich nicht von Idealvorstellungen blenden. Hinter der perfekten Fassade verbirgt sich nur Leiden. Illusionen hinterherzujagen ist der sichere Weg ins Unglück.

Regel Nummer 5: Lassen Sie die Finger von schlank machenden Medikamenten und Quellstoffen!

Das sind die berühmten »Wundermittel«, von denen ich schon gesprochen habe. Sie führen bestenfalls zu einem vorübergehenden Gewichtsverlust. Im schlimmsten Fall verstärken sie Ihre Eßprobleme und können außerdem schädliche Nebenwirkungen haben. Und sie entfremden Sie immer mehr von den natürlichen Signalen Ihres Körpers.

Regel Nummer 6: Gehen Sie dieses Programm Schritt für Schritt durch!

Versuchen Sie nicht zu rennen, ehe Sie laufen gelernt haben – das funktioniert nicht. Dieses Programm ist so aufgebaut, daß Sie es innerhalb eines Zeitraums von zehn Wochen erfolgreich durcharbeiten können. Der Weg zum Erfolg besteht aus mehreren Kurzzeit-Zielen, die alle erreichbar sind. Man muß immer in kleinen Schritten vorgehen, wenn man etwas Neues lernt – ob es nun das Tippen im Zehnfingersystem auf dem Computer oder das Klavierspielen ist. Das Selbstvertrauen, das Sie gewinnen, während Sie eine Stufe nach der anderen bewältigen, hat einen Domino-Effekt: So entwickeln Sie nach und nach eine immer positivere Einstellung. Die neue Gewißheit, Erfolg zu haben, verdrängt die alten Versagensgefühle.

Regel Nummer 7: Wenn Sie den Verdacht haben, an einer körperlichen Erkrankung zu leiden, gehen Sie zum Arzt!

Dieses Programm ist nur für Menschen mit emotionalen und psychischen Eßproblemen gedacht – den weitaus größten Prozentsatz aller Patienten, die an Eßstörungen leiden. Wenn Sie den Verdacht haben, daß Ihrem Eß- oder Gewichtsproblem eine physische Erkrankung zugrunde liegt, fragen Sie bitte Ihren Arzt um Rat, ehe Sie mit der Arbeit an dem Programm beginnen.

Zusammenfassung: Die Regeln von 1 bis 7

1. Lassen Sie sich auf keine Diät mehr ein!
2. Essen Sie, was Ihnen schmeckt!
3. Hungern Sie nicht!
4. Treiben Sie Sport, wenn es Ihnen Spaß macht!
5. Lassen Sie die Finger von schlank machenden Medikamenten und Quellstoffen!
6. Gehen Sie dieses Programm Schritt für Schritt durch!
7. Wenn Sie den Verdacht haben, an einer körperlichen Erkrankung zu leiden, gehen Sie zum Arzt!

Sie müssen nicht gleich von Anfang an alle dieser Regeln hundertprozentig befolgen. Führen Sie sie nach und nach in Ihr Leben ein, sobald Sie innerlich bereit dazu sind.

Denken Sie daran: Diese Regeln gelten nicht nur für dieses Zehn-Wochen-Programm, sondern für Ihr ganzes Leben.

Teil 2: Die Ursachen Ihres Gewichts-/Eßproblems verstehen lernen

Einführung

Es gibt zwei Hauptgründe, warum es Menschen schwerfällt, dauerhaft abzunehmen. Der erste Grund sind ungesunde Eß- und Lebensgewohnheiten, die sich nur schwer ändern lassen. Der zweite Grund besteht darin, daß wir ein unterschwelliges psychisches Bedürfnis nach Essen haben. Bei vielen Menschen spielen alle beide Ursachen eine Rolle. Das erklärt, warum Millionen von Menschen mit ihrem Gewicht zu kämpfen haben. In Teil 2 dieses Buches werden Sie herausfinden, ob Ihrem Gewichts-/Eßproblem schlechte Gewohnheiten oder unerfüllte Bedürfnisse zugrunde liegen – oder beides. In dieser Phase des Programms ist es wichtig, innerlich offen zu sein. Arbeiten Sie beide Abschnitte durch, und entscheiden Sie dann am, wo die Ursache Ihrer Eßprobleme liegt.

Falsche Eßgewohnheiten

Wie all unsere Gewohnheiten sind auch Eßgewohnheiten nicht nur in unserem Denken, sondern auch in unserem Gehirn und unserem Körper »einprogrammiert«. Es ist wichtig, das Wesen solcher Gewohnheiten zu begreifen; dann werden Sie die Methoden, die ich Ihnen hier vermittle, um alte Verhaltensmuster zu durchbrechen und neue, gesunde Eßgewohnheiten zu entwickeln, besser verstehen können. Deshalb wollen wir uns nun einmal etwas eingehender mit unserem gewohnheitsmäßigen Verhalten beschäftigen.

Neuromentale Assoziationen

Ich möchte Ihnen an dieser Stelle einen Begriff vorstellen, den ich selbst geprägt habe, damit Sie Ihre Gewohnheiten besser verstehen können: den Begriff der neuromentalen Assoziation (NMA).

- Die Silbe »neuro« bezieht sich auf die Neurologie und die Verbindungen zwischen unseren Nerven.
- Mit »mental« sind unsere Gedanken, Überzeugungen und Emotionen gemeint.
- »Assoziation« ist die Bedeutung, die unsere neuromentalen Funktionen äußeren Ereignissen zuschreiben.

Ein Beispiel soll Ihnen helfen, die NMA-Theorie besser zu verstehen. Stellen Sie sich vor, Sie führen mit dem Auto auf einen Zebrastreifen zu. Wenn Sie dann einen Fußgänger sehen, der diesen Zebrastreifen überqueren will, werden Sie mit ziemlicher Sicherheit automatisch auf die Bremse treten. Sie brauchen gar nicht nachzudenken – Sie handeln ganz einfach. Ihre Augen sehen etwas, und dieses Bild löst eine automatische Reaktion in Ihrem Körper aus. Das ist für die meisten Menschen eine sehr starke NMA. Allen künftigen Autofahrern wird in der Fahrschule regelrecht eingeimpft, daß es ernste Konsequenzen hat, wenn man einen Zebrastreifen ignoriert.

Diese NMA entstand schon in Ihrer Kindheit, als Ihre Eltern Ihnen beibrachten, die Straße immer nur dort zu überqueren, wo sich die schwarz-weißen Streifen befinden. Später als Fußgänger beobachteten Sie, daß Autofahrer anhalten, wenn jemand einen Zebrastreifen überqueren will. Als Sie dann den Führerschein machten, ermahnte Ihr Fahrlehrer Sie, immer auf die Zebrastreifen achtzugeben und jederzeit darauf gefaßt zu sein, bremsen zu müssen. Wenn Sie das richtig machten, wurden Sie gelobt; wenn Sie nicht darauf vorbereitet waren, rechtzeitig zu bremsen, bekamen Sie einen Verweis vom Fahrlehrer. Durch diese wiederholte Erfahrung entstanden bestimmte Nervenverbindungen in Ihrem Gehirn. Außerdem waren Sie auch persönlich davon überzeugt, daß es richtig ist, Zebrastreifen zu beachten, und wehrten sich daher innerlich nicht gegen die Anweisung Ihres Fahrlehrers. Sie beobachteten, daß auch andere Autofahrer stets anhalten, wenn jemand einen Fuß auf den Zebrastreifen setzt; also entsprach Ihr Verhalten genau dem der Gruppe, der Sie angehörten (in diesem Fall der Gruppe der Autofahrer).

Nach und nach wurde Ihr Nervensystem durch Lob und Tadel so konditioniert, daß es ganz automatisch auf eine bestimmte Art und Weise reagierte (»neuro«). Sie waren innerlich auch von der Richtigkeit dieses Verhaltens überzeugt, und die Angst, jemanden zu überfahren, war ein sehr intensives Gefühl (»mental«). Und immer, wenn Sie einen Fußgänger sehen, der einen Zebrastreifen betritt, bedeutet das für Sie, daß er die Straße überqueren will (»Assoziation«).

Die Theorie der neuromentalen Assoziationen hilft uns, die komplexe, interaktive Art und Weise, in der Gewohnheiten entstehen, besser zu begreifen. Auch Ihre Eßgewohnheiten sind durch eine Kombination verschiedener Faktoren entstanden, die sich gegenseitig verstärkten. Da der Mensch ein »Gesellschaftstier« ist, hängen viele unserer Gewohnheiten von der Gesellschaft ab, in der wir leben – auch unsere Eßgewohnheiten. So gibt es beispielsweise in Großbritannien viel mehr fettleibige Menschen als in allen anderen Ländern Europas. Und wenn man die Länge der britischen Supermarktregale, die mit Keksen, Chips und stark zuckerhaltigen Getränken bestückt sind, mit denen anderer Länder vergleicht, bekommt man eine ungefähre Vorstellung davon, wie fest falsche Eßgewohnheiten in der Bevölkerung Großbritanniens verwurzelt sind.

Wir haben in Europa leider eine »Fertiggericht-Kultur« entwickelt. Die meisten unserer Fertigprodukte sind sehr fett- und zuckerhaltig und enthalten zusätzlich auch noch andere denaturierte Zutaten, die uns viele Kalorien, aber nur wenige wertvolle Nährstoffe liefern. Es erfordert also schon einiges an Willenskraft, sich nicht am Verhalten der großen Masse zu orientieren und nicht die ungesunden Lebensmittel zu kaufen, mit denen man im Supermarkt und an den Fast-food-Ständen permanent konfrontiert wird. Natürlich gibt es auch im Supermarkt gute, gesunde Nahrungsmittel; aber man muß sich Mühe geben, um sie inmitten all der denaturierten Produkte, für die viel mehr Werbung gemacht wird, überhaupt zu entdecken. Das Übergewicht eines Menschen kann also schlicht und einfach darauf zurückzuführen sein, daß er in einem Land aufgewachsen ist, wo die meisten im Handel erhältlichen Lebensmittel sehr kalorienreich sind und nur einen geringen Gehalt an wertvollen Nährstoffen haben.

Unsere Ernährungsweise wird aber auch von der Kultur geprägt, in der wir leben. In Schottland und Nordirland beispielsweise ist der Prozentsatz an Menschen, die an einer Herz-Kreislauf-Erkrankung sterben, höher als in allen anderen Ländern der Welt. Statt des wunderbaren schottischen Frühstücks Porridge (eines der gesündesten Nahrungsmittel, die es gibt) schlingt man jetzt in der Pfanne gebratene Würstchen, Kartoffelstifte und Spiegeleier in sich hinein.

Wie wir uns ernähren, hängt auch stark von der sozioökonomischen Gruppe ab, in der wir aufgewachsen sind. Die Angehörigen der Mittelklasse kaufen mit großer Begeisterung Vollkornbrot und Obst und Gemüse aus biologischem Anbau in Naturkostläden, die es inzwischen auch in kleineren Ortschaften gibt; doch in vielen Wohnsiedlungen gibt es nur ein einziges Geschäft, in dem man überhaupt kein frisches Obst und Gemüse, aber dafür jede Menge fettiger Kartoffel-Snacks bekommt. Vielleicht sind Ihre heutigen Gewichtsprobleme also hauptsächlich auf die Nahrungsmittel zurückzuführen, mit denen Sie aufgewachsen sind – eine kulturbedingte Eßgewohnheit.

Um herauszufinden, ob Ihr Gewichts-/Eßproblem lediglich auf eine solche Gewohnheit zurückzuführen ist, brauchen Sie nur eine einzige Frage zu beantworten:

Haben Ihre Gefühle Einfluß darauf, was Sie essen?

Wenn Ihre Antwort auf diese Frage ein hundertprozentiges »Nein« ist, genügt vielleicht schon der Abschnitt in Teil 3 über die Veränderung Ihrer Eßgewohnheiten, um Ihnen zu einer dauerhaften Gewichtsabnahme zu verhelfen. Doch selbst wenn Sie die Frage tatsächlich mit »Nein« beantworten sollten, empfehle ich Ihnen trotzdem, auch noch den Rest von Teil 2 des Programms durchzuarbeiten, um auch wirklich sicherzugehen, daß es keine anderen Ursachen für Ihr Problem gibt, die Ihnen vielleicht gar nicht bewußt sind.

Die meisten Leute werden die obige Frage allerdings mit »Ja« beantworten – natürlich mit gewissen Varianten, von »Ja, manchmal« bis hin zu »Ja, hundertprozentig«.

Mit ziemlicher Sicherheit kennen Sie die wahre Ursache Ihres Gewichts-/Eßproblems noch gar nicht. Denn wenn Sie sie kennen würden, hätten Sie das Problem wahrscheinlich inzwischen schon gelöst. Vielleicht kennen Sie einige Faktoren, die das Problem verschlimmern – beispielsweise ein Streit oder ein Stimmungstief –, aber *warum* suchen Sie in solchen Situationen ausgerechnet Zuflucht beim Essen? Einfach nur zu sagen, daß Sie aus Kummer essen, hilft uns eigentlich nicht viel weiter – denn das ist nur eine Beschreibung Ihres Problems.

Ich hoffe, daß Sie in diesem Teil meines Programms die wahre Ursache Ihres Eßproblems finden werden. Und es kann sein, daß diese wahre Ursache – gewissermaßen die Wurzel allen Übels – etwas für Sie völlig Unerwartetes ist. Vielleicht werden Sie anfangs gar nicht daran glauben können. Doch sobald Sie diese Ursache erkannt und akzeptiert haben, werden Ihnen viele Ihrer Verhaltensweisen, die Ihnen bisher ein Rätsel waren, plötzlich ganz plausibel vorkommen – und nicht zuletzt Ihr verzweifelter Kampf gegen das Essen.

In Teil 2 meines Programms werden Sie mehrere verschiedene Ursachen von Eßproblemen kennenlernen. Ich gehe hier absichtlich auf ein sehr breites Spektrum möglicher Ursachen ein, um den vielen verschiedenen Menschen gerecht zu werden, die mit diesem Programm arbeiten. Vielleicht trifft nur eine dieser Ursachen auf Sie zu. Das ist das einzige, wonach Sie suchen müssen – der Faktor, der Ihrem Problem zugrunde liegt. Sobald Sie ihn gefunden haben, wird Ihnen auch die Lösung klar. In Teil 3 und Teil 4 des Programms werden Sie dann beginnen, Veränderungen vorzunehmen, die nicht nur Ihr Eßproblem lösen, sondern durch die Ihr ganzes Leben besser und schöner wird.

Eine meiner Klientinnen hat einmal zu mir gesagt: »Es ist, als würde ich den Rest meines Lebens noch einmal ganz von vorn beginnen – ohne die alten Probleme.«

Symptome und Ursachen von Eßproblemen

Ich habe meine Klientinnen, die unter Eßproblemen litten, deshalb nicht hypnotisiert, weil ich damit nur das Symptom, aber nicht die Ursache beseitigt hätte. Auf diese Weise wären sie vielleicht zwei oder drei Wochen lang glücklich und zufrieden gewesen; doch dann wären die alten Eßprobleme wieder aufgetreten, und sie hätten gesagt: »Diese Hypnosebehandlung nützt nichts – Sie bringt keine dauerhaften Erfolge.« Das wäre so, als wollte man einen Löwenzahn aus einem Beet entfernen, indem man die Blätter abzupft. Wenn Sie das je versucht haben, wissen Sie, daß die Pflanze innerhalb von ein paar Wochen wieder neue Blätter austreibt.

Oder nehmen wir das Beispiel eines Kindes, das von seinen Mitschülern drangsaliert wird und deshalb bei Klassenarbeiten plötzlich schlechter abschneidet. Natürlich kann der Lehrer das Kind deshalb einfach ausschimpfen und ihm zusätzliche Hausaufgaben geben. Aber ein guter Lehrer würde herausfinden wollen, warum das Kind in seinen schulischen Leistungen so plötzlich nachgelassen hat. Er würde dem Kind Fragen stellen und Informationen über die Ursache seiner Leistungsverschlechterung sammeln. Und dann würde er versuchen, dem Kind zu helfen, das eigentliche Problem zu lösen. Denn in diesem Fall sind die Schikanen seiner Mitschüler die *Ursache* des Problems; die schlechteren Noten sind lediglich das *Symptom*.

Dieses Programm geht davon aus, daß Ihr Gewichts-/Eßproblem vielleicht nur ein Symptom ist, dem eine ganz bestimmte Ursache zugrunde liegt. Immer wenn wir unter unangenehmen Symptomen leiden, motiviert uns das dazu, die Ursache herauszufinden. Wenn wir beim Wandern plötzlich einen stechenden Schmerz im Fuß verspüren, finden wir uns nicht einfach damit ab und gehen weiter, sondern wir ziehen den Schuh aus, finden den Dorn und ziehen ihn heraus. Und wenn uns irgendwo etwas kitzelt, verscheuchen wir die Fliege mit einer Handbewegung. Dieses Verhalten läßt sich in zwei Gesetzen über Ursachen und Symptome zusammenfassen:

1. Wir suchen nach den Ursachen von Symptomen.
2. Sobald wir die Ursache gefunden haben, bemühen wir uns, sie zu beseitigen.

Doch wie ich bereits angedeutet habe, waren die meisten Menschen mit Eßproblemen bisher nicht in der Lage, die wahre Ursache für ihr Problem zu finden, geschweige denn, sie zu beseitigen. Das führt uns zum dritten Gesetz:

3. Wenn wir unter einem Problem leiden und die Ursache nicht herausfinden, fühlen wir uns hilflos und verletzlich. Wir sind verwirrt, oft auch besorgt und ängstlich.

Würden Sie sich nicht auch so fühlen, wenn Sie einen stechenden Schmerz im Fuß spürten, den Dorn aber nicht finden könnten? Wegen dieses dritten Gesetzes liegt es im Interesse aller Menschen, die mit dem Verkauf von Diätbüchern, Diätprodukten und all den anderen »Wundermitteln« Millionen verdienen, ihre Kunden über die Ursachen ihres Problems im unklaren zu lassen. Denn solange wir uns hilflos fühlen und uns Sorgen machen, sind wir bereit, alles zu versuchen, auch wenn wir im Grunde unseres Herzens wissen, daß es nicht die wahre Lösung ist. Nicht umsonst heißt es: Wissen ist Macht. Im Laufe dieses Programms wird diese Macht wieder zu ihrem wahren Besitzer zurückkehren – zu *Ihnen*.

Das Beispiel mit der abblätternden Tapete

Das Ursachen-Symptom-Prinzip ist so wichtig, daß ich es gern noch an einem weiteren Beispiel verdeutlichen möchte:

Nehmen wir an, ein Ziegel ist vom Dach Ihres Hauses heruntergerutscht – Sie wissen aber nichts davon. Sie merken nur, daß sich an der Decke Ihres Schlafzimmers die Tapete ablöst. Was tun Sie?

Nun ja, Möglichkeit Nummer 1 wäre, gar nichts zu tun und sich einfach damit abzufinden. Aber wie würden Sie sich dann jedesmal fühlen, wenn Ihr Blick auf die Tapete fällt? Wäre der Anblick Ihnen nicht immer wieder ein Dorn im Auge?

Möglichkeit Nummer 2 wäre, die Tapete wieder anzukleben – dann würde es eine Zeitlang so aussehen, als wäre alles in Ordnung.

Und Möglichkeit Nummer 3 wäre, nach draußen zu gehen und zu untersuchen, ob das Dach irgendwo undicht ist, so daß Feuchtigkeit in Ihr Schlafzimmer dringt. Diese letzte Alternative erfordert Mühe; und Sie müssen sich auch darauf einstellen, daß Ihnen vielleicht noch mehr Mühe bevorsteht, falls das Dach repariert werden muß.

Möglichkeit Nummer 1 ist die »Vogel-Strauß-Politik«: Man versucht einfach, das Problem zu ignorieren, und hofft, daß es von allein wieder verschwindet. Die Erfahrung zeigt, daß das meistens nicht funktioniert und oft sogar alles nur noch schlimmer macht. In unserem Beispiel könnte irgendwann die ganze Decke einstürzen, wenn man das Problem ignoriert.

Alternative Nummer 2 bedeutet, das Problem »unter den Teppich zu kehren«. Eine Zeitlang sieht es so aus, als hätte man es tatsächlich gelöst. Doch dann taucht das Problem wieder auf, und man greift zu einer anderen provisorischen Lösung. Auf lange Sicht kostet solche Pfuscharbeit mehr Mühe, als das Übel an der Wurzel zu packen, weil man immer wieder von vorn beginnen muß.

Alternative Nummer 3 ist die Strategie, die die Ursache des Problems beseitigt. Anfangs kostet es freilich mehr Mühe und manchmal auch Mut, der Realität ins Auge zu sehen, aber man gelangt dadurch zu einer dauerhaften Lösung.

Kurzfristig betrachtet, kostet eine dauerhafte Lösung mehr Anstrengung; doch auf lange Sicht bereitet sie weniger Mühe, und außerdem hat man dann endlich seine Ruhe.

Vor einiger Zeit sah ich im Fernsehen einen Dokumentarfilm über eine vierundzwanzigjährige Amerikanerin, die über 230 Kilo wog. Die Frau war so übergewichtig, daß die Ärzte befürchteten, ihr Herz werde diese Belastung nicht verkraften. Ihr Gewicht brachte sie fast um. In ihrer Verzweiflung entschloß sie sich zu einer Operation: Ihr Magen wurde unterhalb des Mageneingangs eingeschnürt, so daß immer nur geringe Nahrungsmengen in den Magen gelangen konnten, was ihr ein Sättigungsgefühl vorgaukelte. Nach dreijähriger schmerzhafter Therapie hatte sie schließlich über 150 Kilo abgenommen. Aber leider war das nicht das Happy-End.

Die Frau fühlte sich einsam und suchte Zuflucht bei Alkohol und Drogen, um ihren emotionalen Schmerz zu betäuben. Schließlich stellte sich heraus, daß sie als Kind sexuell mißbraucht worden war und ein sehr schlechtes Verhältnis zu ihrer Mutter hatte. Der Dokumentarfilm wollte damit zeigen, daß die moderne Medizin nur die Symptome behandeln kann, nicht aber die eigentlichen Ursachen. Meine Erfahrungen bestätigen diese Ansicht. Zwar ist dieser Fall ein extremes Beispiel; aber er zeigt genau, wo das Problem liegt.

Bewußtsein und Unterbewußtsein

Ich habe vorhin erwähnt, daß Sie mit ziemlicher Sicherheit nicht die ganze Ursache Ihres Eßproblems kennen. Mit »Sie« meine ich Ihr bewußtes Ich. Ihr Unterbewußtsein weiß vielleicht ganz genau, warum Sie Probleme mit dem Essen haben.

Die meisten unserer Erinnerungen und früheren Emotionen bleiben in unserem Unterbewußtsein. Es ist wie eine riesige Aktenablage oder Computerdatenbank. Unser Bewußtsein hat normalerweise nur begrenzten Zugang zu dieser Unmenge an gespeicherten Informationen. Daher können die meisten Menschen sich nicht an ihre gesamte Vergangenheit erinnern, sondern nur an einen Teil davon.

Die Ereignisse in unserer Kindheit haben unsere Persönlichkeit in hohem Maße geprägt. Natürlich gibt es auch genetische Faktoren, aber diese stehen schon bei unserer Geburt fest. Alles andere erlernen wir im Lauf unseres Lebens.

Da nur wenige Menschen sich bewußt an diese ersten Einflüsse in ihrem Leben erinnern können, wissen die meisten nicht, warum sie so sind, wie sie sind. Wir wissen nichts davon, wie unsere Persönlichkeit geprägt worden ist. Menschen mit perfektem Charakter (ich habe noch keinen kennengelernt) haben es vielleicht nicht nötig, zurückzuschauen – sie könnten es einfach genießen, in der Gegenwart zu leben. Doch für den Rest der Menschheit – vor allem für Leute mit Problemen, die sie nicht zur Ruhe kommen lassen – ist es wichtig, zu verstehen, wie bestimmte Verhaltensmuster entstanden sind.

Um noch einmal zu unserem Beispiel mit der abblätternden Tapete zurückzukehren: Es ist unmöglich, die Ursache für die feuchte Stelle an der Wand zu finden, wenn Sie im Haus bleiben. Doch sobald Sie das Haus verlassen, sehen Sie das Problem aus einer umfassenderen Perspektive, die Ihnen wichtige neue Informationen liefert: Ein Dachziegel ist heruntergefallen. Dieses Wissen führt Sie zu einer klaren Lösung, die natürlich trotzdem immer noch Mühe erfordert.

Dieses Programm soll es Ihnen ermöglichen, sich selbst aus einer umfassenderen Perspektive zu betrachten, indem es bestimmte unbewußte Erinnerungen in Ihr Bewußtsein hebt und Ihnen eine neue Sichtweise Ihrer Eßprobleme aufzeigt.

Unser Unterbewußtsein ist nicht nur ein riesiges Speichersystem, sondern hat auch noch zwei andere Eigenschaften, die hier wichtig sind:

1. Unser Unterbewußtsein schützt uns

Gefühle oder Ereignisse, die so schmerzhaft sind, daß unser Bewußtsein sie nicht verkraften kann, werden ins Unterbewußtsein verbannt. Diese Gefühle und Ereignisse sind sehr wichtig, denn sie können Ihnen *bestimmte Verhaltensweisen diktieren:* Ihr Unterbewußtsein versucht zu verhindern, daß Ihnen wieder ein ähnlicher Schmerz zugefügt wird. Erinnern Sie sich noch daran, wie Sie sich das erste Mal die Finger verbrannt haben? Wahrscheinlich nicht. Aber Ihr Unterbewußtsein sorgt dafür, daß Sie Ihre Hand seitdem sofort wegziehen, wenn Sie etwas sehr Heißes anfassen. Das geschieht ganz automatisch, ohne daß Sie darüber nachzudenken brauchen – ein wunderbarer Schutzmechanismus.

Doch manchmal versucht Ihr Unterbewußtsein auch, Sie vor einem emotionalen Schmerz zu schützen, der Ihnen in der Kindheit zugefügt wurde, inzwischen aber längst nicht mehr existiert. *Das führt zu unerwünschtem »irrationalem« Verhalten.* Nehmen wir einmal an, ein Kind wurde in der Grundschule wegen seines ausländischen Akzents immer von seinen Mitschülern verspottet. Dieses Kind erfuhr jedesmal, wenn es im Klassenzimmer etwas sagte, einen emotionalen Schmerz. Sein Unterbewußtsein möchte es vor diesem Schmerz schützen. Eine Strategie, die es dazu benutzen könnte, besteht darin, dem Kind jedesmal, wenn es vor anderen Menschen sprechen soll, ein so beklemmendes Angstgefühl einzugeben, daß es sich gar nicht mehr traut, den Mund aufzumachen. Es versucht, solche Situationen nach Möglichkeit von vornherein zu vermeiden. (Dieses Beispiel beruht wie die meisten anderen, die ich hier schildere, auf einem Fall, der mir in meiner Praxis tatsächlich begegnet ist.)

Dieser Schutzmechanismus kann bis ins Erwachsenenalter hinein bestehen bleiben, was der betreffenden Person natürlich große Schwierigkeiten bereiten würde. Vielleicht leidet sie auch als Erwachsene noch unter Angstgefühlen, wenn sie vor einer größeren Gruppe etwas sagen soll, obwohl sich inzwischen niemand mehr über ihren Akzent lustig macht.

Schutzmechanismen aus unserer Kindheit können zu irrationalem Verhalten im Erwachsenenalter führen, das uns bestimmten Einschränkungen unterwirft.

Ich glaube, daß wir alle unter solchen Einschränkungen leiden.

Aber man kann sie beseitigen – das habe ich in meiner Praxis immer wieder erlebt. Dieses Programm wird Ihnen helfen, Ihre persönlichen Einschränkungen zu eliminieren, vor allem diejenigen, die mit dem Essen zu tun haben.

2. Unser Unterbewußtsein braucht Befehle

Wenn unser Unterbewußtsein intelligent wäre, wüßte es, wann es bestimmte Strategien nicht mehr einsetzen sollte, weil sie aufgrund veränderter Umstände überflüssig geworden sind. Aber unser Unterbewußtsein denkt nicht so logisch wie unser Bewußtsein. Es denkt in Assoziationen – es stellt viele neuromentale Assoziationen her. Wenn Sie sich einmal beim Tanz zu einem ganz bestimmten Musikstück verliebt haben, werden Sie dieses Musikstück in Zukunft immer mit angenehmen Gefühlen assoziieren – oft sogar bis ans Ende Ihres Lebens.

So können auch Assoziationen aus Ihrer Kindheit das ganze Erwachsenenleben hindurch bestehen bleiben – es sei denn, es geschieht irgend etwas, was stark genug ist, Ihre gewohnten Verhaltensmuster zu durchbrechen. In diesem Programm werden Sie lernen, wie Sie Ihrem Unterbewußtsein befehlen können, unerwünschte Assoziationen auszulöschen.

Übung:
Diese Übung soll Ihnen zeigen, wie im Unterbewußtsein gespeicherte Informationen an die Oberfläche gelangen können:

1. Erinnern Sie sich noch an Ihren ersten Schultag?
2. Wie deutlich ist diese Erinnerung?
3. Ist sie mit irgendwelchen Gefühlen verbunden?
4. Wie war das Pausenessen in Ihrer Schule?
5. Welche Zwischenmahlzeiten haben Ihnen geschmeckt?

6. Welche Zwischenmahlzeiten fanden Sie abscheulich?
7. Gibt es bestimmte Geruchs- oder Geschmacksempfindungen, die Sie mit dem Essen in Ihrer Schule assoziieren?
8. Erinnern Sie sich noch an die Person, die das Essen verkaufte?

Ich nehme an, daß Ihnen bei der Beantwortung dieser Fragen viele längst vergessene Dinge wieder ins Gedächtnis kamen. Sind manche dieser Erinnerungen mit Gefühlen verbunden? Was waren das für Gefühle? Waren einige davon schmerzlich, andere angenehm? Was auch immer Sie für Emotionen hatten – sie sind etwas Einmaliges, was nur Sie erlebt haben. Kein anderer Mensch blickt genau auf die gleiche Mischung aus Erinnerungen und Emotionen zurück wie Sie. Ihre neuromentalen Assoziationen sind etwas Einzigartiges. Deshalb brauchen die Menschen unterschiedliche Lösungen für Probleme, die oberflächlich betrachtet völlig identisch zu sein scheinen.

Ihr Unterbewußtsein ist die Basis Ihres Denkens. Wenn es positiv programmiert ist, können Sie Ihr gesamtes Potential und alle Möglichkeiten, die in Ihnen stecken, nutzen und genießen. Ich hoffe, Ihnen ist inzwischen klargeworden, wie wichtig es ist, sich mit diesen grundlegenden Dingen zu beschäftigen, ehe wir uns um Ihr eigentliches Eßverhalten kümmern. Das wollen wir jetzt tun.

Übergewicht – ein typisches Frauenproblem?

Haben Sie sich schon gefragt, warum Diäten sich meistens an Frauen und nicht an Männer wenden? Und warum waren 95 Prozent meiner Klienten mit Eßproblemen weiblichen Geschlechts? Denken Sie einmal an die vielen verschiedenen Anforderungen, mit denen Frauen in unserer Gesellschaft im Vergleich zu Männern konfrontiert werden. Das Bild der idealen Frau sieht ungefähr folgendermaßen aus (wenn man den Werbefachleuten glauben darf):

- schlank
- elegant
- unschuldig
- sinnlich
- hilflos
- erfolgreich
- verantwortungsbewußt
- eine gute Hausfrau
- eine gute Mutter
- eine gute Ehefrau
- eine gute Köchin
- immer gut aufgelegt und zu jedem Spaß bereit

Wenn Sie sich das nächste Mal die Werbung im Fernsehen anschauen, versuchen Sie, dieser Liste noch mehr »ideale Eigenschaften« hinzuzufügen.

Wenn Sie die Liste durchlesen, werden Sie feststellen, daß sie Eigenschaften enthält, die sich gegenseitig ausschließen. Daher ist diese Idealvorstellung praktisch unmöglich zu verwirklichen, selbst wenn Sie den Wunsch dazu hätten. Es ist ja schon schlimm genug, wenn man überhaupt unter Druck gesetzt wird, einem bestimmten Bild zu entsprechen; aber wenn dieses Bild auch noch in sich widersprüchlich ist, so daß man ihm gar nicht entsprechen kann, fühlt man sich zwangsläufig wie ein Versager.

Der psychische Druck beginnt schon in jungen Jahren

Den meisten Frauen wird beigebracht, sich als männerfangende Objekte zu betrachten. Das beginnt schon in jungen Jahren und wird immer deutlicher, wenn die Mädchen älter werden. Denken Sie nur an die vielen Teenagerzeitschriften, die seitenweise Ratschläge enthalten, was ein junges Mädchen alles tun muß, um sich einen Freund zu angeln. Mode, Make-up, Cremes gegen Pickel und Schlankheitsdiäten beginnen eine wichtige Rolle im Leben der Mädchen zu spielen. Die meisten dieser jungen Frauen verlieren schon die Kontrolle über ihren Körper, noch ehe seine Entwicklung endgültig abgeschlossen ist. Eine Freundin erzählte mir, in ihrer Schulzeit sei man als Mädchen »in« gewesen, wenn man in Jeansgröße 36 hineinpaßte. Und wenn man nun nicht hineinpaßte …?

Viele junge Mädchen sind eigentlich gar nicht zu dick – aber sie beginnen sich dafür zu halten, wenn sie sich mit superschlanken Models vergleichen (von denen viele eine Tendenz zur Magersucht haben). Eine kürzlich durchgeführte Umfrage hat ergeben, daß 40 Prozent aller weiblichen Teenager sich für übergewichtig halten. Teenager beschäftigen sich besonders intensiv mit ihrem eigenen Körper und neigen dazu, Hemmungen zu entwickeln. Wenn sie in diesem Stadium mit Diäten beginnen, obwohl sie gar kein Übergewicht haben, steht ihnen ein schwerer Kampf bevor. Denn dann beginnt das Gefühl des Verzichtenmüssens, das oft dazu führt, daß man als Entschädigung dafür wieder zuviel ißt – und so beginnt der gefährliche Teufelskreis.

Versuchen Sie nun einmal, sich an Ihre Jugendzeit zurückzuerinnern. Schreiben Sie in die folgenden Leerzeilen, wie Sie Ihren Körper empfanden, als Sie ein Teenager waren.

Bitte beachten Sie:
Hier beginnt das Arbeitsbuch. Ich kann gar nicht oft genug betonen, wie wichtig es ist, sich nicht einfach nur ein paar flüchtige Gedanken zu dem Thema zu machen, sondern alles genau aufzuschreiben. Die Zeit, die Sie hierfür und für die praktischen Übungen investieren, wird die Wirksamkeit dieses Programms enorm erhöhen.

Als ich ein Teenager war, fand ich meinen Körper

____

____

____

____

Wer verändert eigentlich dauernd die Spielregeln?

Das »Idealbild«, von dem ich gesprochen habe, bleibt leider nicht konstant. Die Mode ändert sich jedes Jahr. Die Vorstellung vom idealen Frauenkörper scheint sich ungefähr alle zehn Jahre zu verändern. In den fünfziger Jahren mußte man der vollschlanken, kurvenreichen Marilyn Monroe nacheifern. In den sechziger Jahren kamen »Bohnenstangen« wie Twiggy in Mode, in den siebziger Jahren waren Frauen mit Dauerwelle und großen Brüsten wie Raquel Welch »in«. Dann kam die große, schlanke Prinzessin Diana. Und in den neunziger Jahren galt Kate Moss als Ideal – dünn wie ein Gerippe.

Wie sieht die ideale Frau eigentlich aus? Natürlich gibt es in Wirklichkeit gar kein Ideal. Das Ideal wird nur von Medien und Modeschöpfern propagiert – und das einzige Motiv, das dahintersteckt, ist Profitgier.

Fast schon Gehirnwäsche

In den letzten Jahrzehnten wurde in den Medien nur eine einzige Botschaft verbreitet:

Schönsein heißt Schlanksein.

Diese Botschaft ist so allgegenwärtig und hat einen so starken Einfluß, daß sie fast schon einer Gehirnwäsche gleichkommt. Vor kurzem erhielt ich per Post einen Versandhauskatalog, der 32 Seiten dick war und es geschafft hatte, auf diesen wenigen Seiten 44 Fotos von schlanken Frauen in Bikinis unterzubringen. Die Frauen präsentierten Gartengrills, Gartenschläuche, Autostaubsauger und vieles mehr – alles in knappen Badekleidern. Da ist es doch eigentlich kein Wunder, daß so viele Frauen – vielleicht auch Sie – diesem Druck, dem sie ständig ausgesetzt sind, nachgeben und dem superschlanken Idealbild nacheifern. Es gibt aber auch Frauen, die sich heftig gegen solche Idealbilder wehren – gehören Sie vielleicht zu dieser zweiten Kategorie? Möglicherweise halten Sie es ja sogar mit beiden Seiten: Das heißt, nach außen hin lehnen Sie solche Idealvorstellungen ab, aber insgeheim würden Sie doch gern wie ein Model aussehen?

Und was ist mit den Männern?

Männer sind einem ganz anderen Druck ausgesetzt als Frauen. Vielleicht interessiert und tröstet es Sie, zu erfahren, was für Auswirkungen dieser Druck auf die Männer hat.

In den achtziger Jahren, in denen Idealbilder eine besonders wichtige Rolle spielten, wurde der ideale Mann kreiert. Er sollte folgendermaßen sein:

- clever
- hart
- reich
- erfolgreich
- gutaussehend
- groß
- schlank

- fit
- modisch gekleidet
- Besitzer eines teuren Autos

So entstand der Designer-Mann. Das Geschäft der Fitneßclubs und Firmen, die Kosmetika für Männer herstellen, begann zu boomen. In den letzten Jahren ist ein ganz neues Männerideal entstanden: Jetzt muß der »ideale« Mann zu den oben genannten Eigenschaften auch noch sensibel und einfühlsam sein – und Windeln sollte er auch wechseln können.

Welchen Preis zahlen wir dafür?

Solchen Idealbildern, die uns von der Gesellschaft aufgezwungen werden, nachzujagen, geht nicht spurlos an uns vorüber – weder an den Frauen noch an den Männern. Und da der »ideale« Körper schlank und fit zu sein hat, spielen Essen und Sport oder Fitneßtraining für uns eine wichtige Rolle.

Noch bis vor zehn Jahren hatten Kliniken, die auf die Behandlung von Eßstörungen spezialisiert sind, ausschließlich weibliche Patienten. Inzwischen sind magersüchtige Männer keine Seltenheit mehr. In gewisser Hinsicht haben Männer es sogar noch schwerer als Frauen. Denn von ihnen erwartet man, daß sie hart im Nehmen sind und keine Schwäche zeigen; deshalb ist es für sie noch schwieriger, zuzugeben, daß sie ein Eßproblem haben. Normalerweise tun sie das nur, wenn ihre Erkrankung so schwer ist, daß sie gezwungen sind, ärztliche Hilfe zu suchen. Frauen sind also nicht die einzigen Opfer solcher Idealbilder!

Trotzdem wollen wir nun zum Thema »Frau« zurückkehren und uns ein paar Gedanken über das Muttersein machen.

Die ideale Ehefrau und Mutter

Als Ehefrau und Mutter muß die Frau versuchen, einer neuen Idealvorstellung gerecht zu werden. Die ideale Ehefrau und Mutter sollte:

- die Bedürfnisse ihrer Familie über ihre eigenen Interessen stellen
- das Haus sauber und in Ordnung halten
- regelmäßig ein Essen auf den Tisch bringen, das möglichst auch noch allen Familienmitgliedern schmeckt
- ihre Kinder lieben und für sie dasein
- Essen und Kleidung kaufen und mit dem Wirtschaftsgeld auskommen
- die Ansprüche ihres Mannes erfüllen, indem sie
  - ihn sexuell befriedigt
  - immer weiß, wo er seine Zeitung hingelegt hat
  - ihm bei der Verwirklichung seiner Ideen hilft
  - ihn pflegt, wenn er krank ist
  - ihn in seinem sozialen und geschäftlichen Umfeld unterstützt
- das alles auch dann schaffen, wenn sie nebenher noch berufstätig ist!

Frauen halten sich oft für Versager, wenn sie nicht auf all diesen Gebieten hundertprozentig perfekt sind. Daraus resultiert Streß: Sie versuchen das Unmögliche zu schaffen, und ihr Selbstvertrauen sinkt, wenn es ihnen nicht gelingt.

Sich selbst treu bleiben

Vielleicht sollte es Ihr erster Schritt sein, Ihr Denken von den Auswirkungen dieser Gehirnwäsche zu befreien. Das erfordert

Mut und einen hohen Grad an innerer Reife, denn dazu müssen wir den in unserer Gesellschaft herrschenden Vorstellungen eine Absage erteilen. Uns davon loszusagen, wie wir »sein sollten«, und uns so zu geben, wie wir tatsächlich sind, ist ein wichtiger Teil des Prozesses, durch den wir die Macht über uns selbst wiedergewinnen.

Was will Ihr Übergewicht Ihnen sagen?

Die folgende Idee wird möglicherweise wie eine Bombe bei Ihnen einschlagen:

Vielleicht will Ihr Übergewicht Ihnen in Wirklichkeit nur helfen!

Das mag Ihnen verrückt vorkommen, aber ich habe festgestellt, daß das bei vielen Menschen mit Eßproblemen (vor allem bei zwanghaftem Eßverhalten) tatsächlich der Fall ist. Vielleicht trifft es nicht auf Sie zu – aber wenn, dann könnte es der Schlüssel zur Lösung Ihres Problems sein.

Fallbeispiel 1

Wir wollen diese Idee einmal anhand einer Krankengeschichte weiterverfolgen. Die Patientin hieß Daisy Platen – eine nach außen hin sehr selbstbewußt wirkende Frau, die im Personalmanagement tätig war. Zufällig hatte sie blondes Haar.

Als Teenager wurde Daisy immer mit den gleichen Botschaften bombardiert: Du mußt schlank werden, um attraktiv zu sein, und du mußt einen guten Job bekommen. Sie bekam einen guten Job, und sie wollte auch schlank sein. Doch ihr Unterbewußtsein hatte eine Assoziation geknüpft: Attraktiv zu sein, bedeutete, wie eine »doofe Blondine« behandelt zu werden.

Ihr Unterbewußtsein trieb sie dazu an, viel zu essen, um dick zu werden, damit sie nicht mehr so attraktiv wirkte. Ihr Übergewicht versuchte ihr in Wirklichkeit nur zu helfen! Ihr Unterbewußtsein glaubte, daß sie nicht gleichzeitig attraktiv sein und sich auf eine gute berufliche Karriere konzentrieren könne. Es ist wichtig, sich klarzumachen, daß das alles sich natürlich nur in ihrem Unterbewußtsein abspielte. Daisys bewußter Wunsch war es, schlank zu sein. Wenn Bewußtsein und Unterbewußtsein miteinander im Konflikt stehen, tobt in unserem Inneren ein heftiger Kampf. Das kann zu unerwünschten Verhaltensweisen – beispielsweise zwanghaftem Eßverhalten – führen.

Als Daisy sich dann wirklich darum bemühte, abzunehmen, gelang es ihr auch: Sie verlor fast zehn Kilo. Doch da fiel ihr auf, daß das Verhalten ihrer männlichen Kollegen sich allmählich veränderte. Sie interessierten sich nicht mehr so sehr für ihre Ideen über die neue Gehaltsstruktur, sondern waren viel begieriger darauf, zu erfahren, was sie abends vorhatte. Einerseits schmeichelte ihr das; andererseits wollte sie an ihrem Arbeitsplatz ernst genommen werden.

Die Lösung ihres Problems bestand darin, auf ihrem Recht zu bestehen, daß man ihr Gehör schenkte – ob sie nun dick oder dünn war.

Sie lernte, ihren männlichen Kollegen gegenüber bestimmt aufzutreten, so daß sie sie in erster Linie als Mitarbeiterin und erst in zweiter Linie als Frau behandelten. Sobald ihr das gelang, war ihr Fett überflüssig geworden, und sie verspürte kein zwanghaftes Verlangen mehr nach Essen, wenn sie nicht hungrig war. Denn sie wußte jetzt, daß sie durchaus eine zufriedenstellende berufliche Karriere haben und gleichzeitig schlank sein konnte. Das ist ein klassisches Beispiel für die psychologische Lösung eines Eßproblems.

Nach dem nächsten Fallbeispiel folgt eine Übung, die Ihnen helfen dürfte, sich darüber klarzuwerden, ob Ihr Übergewicht ein Problem für Sie zu lösen versucht oder nicht.

Fallbeispiel 2

Auch bei der nächsten Patientin steht das Übergewicht in engem Zusammenhang mit dem Thema Sexualität.

Angela war 32 Jahre alt und mit Geoff verheiratet; die beiden hatten noch keine Kinder, obwohl sie eigentlich bald eine Familie gründen wollten.

Angela litt seit etwa drei Jahren an immer wiederkehrenden Eßattacken, die ungefähr ein Jahr nach ihrer Eheschließung mit Geoff begonnen hatten. Als sie in meine Praxis kam, wog sie rund 12 Kilo mehr als an ihrem Hochzeitstag. Abends war das zwanghafte Verlangen nach Essen am schlimmsten. Sie konnte gar nicht anders, als immer wieder nach der Keksdose zu greifen. Und wenn sie gerade keine Kekse im Haus hatte, stopfte sie sich mit Brot und Marmelade voll. Eines Abends, als ihr sowohl Kekse als auch Brot ausgegangen waren, ging sie in einen Laden, kaufte eine Teigmischung und buk sich eine Biskuitrolle. Das war einer der vielen Abende, an denen Geoff aushilfsweise in einer Kneipe arbeitete. Als der Kuchen fertig war, aß sie ein Stück, dann noch eins und noch eins – im Nu war der halbe Kuchen verschwunden. Angela hatte ein unangenehmes Völlegefühl, ekelte sich vor sich selbst und war verzweifelt, weil sie so wenig Selbstbeherrschung besaß. Sie begann sich Sorgen zu machen, was Geoff wohl denken würde, wenn er den halb aufgegessenen Kuchen entdeckte. Sie hatte oft ein schlechtes Gewissen, wenn sie zuviel aß. Also steckte sie den Rest des Kuchens in eine Papiertüte, ging hinaus und warf die Tüte in die Mülltonne ihres Nachbarn. Am nächsten Tag rief sie bei mir an, um einen Termin zu vereinbaren.

Nachdem sie mir ihre Geschichte erzählt hatte, fragte ich sie: »Was könnte denn passieren, wenn Sie schlank wären?«

Nach ein paar positiven Reaktionen – zum Beispiel:

»Dann könnte ich schönere Kleider tragen«,

»Dann hätte ich weniger Hemmungen, meinen Körper im Schwimmbad zu zeigen« und

»Dann würde ich mich viel gesünder fühlen« – kam folgende Antwort:

»Na ja, manchmal habe ich das Gefühl, wenn ich attraktiver wäre, würden einige meiner früheren Freunde sich vielleicht wieder für mich interessieren. Früher hatte ich nämlich keine Probleme, einen Freund zu finden. Aber ich führe eine gute Ehe, ich habe ein schönes Haus, ich liebe Geoff und wünsche mir Kinder. All das möchte ich nicht auf Spiel setzen, indem ich mich mit anderen Männern einlasse.«

Dann fragte ich sie, ob es an ihrer Ehe irgend etwas gäbe, was sie gerne ändern würde. Da antwortete Angela wie aus der Pistole geschossen: »Ich liebe Geoff, aber ich bin mir nicht so sicher, ob er mich auch liebt.«

Im weiteren Gespräch stellte sich heraus, daß Geoff zusätzlich zu dem Beruf, dem er tagsüber nachging, auch noch vier Abende pro Woche in einer Kneipe jobbte. Damit hatte er vor ungefähr drei Jahren begonnen, um die Monatsraten für sein neues Auto bezahlen zu können. Anfangs war Angela an diesen Abenden zusammen mit Geoff in die Kneipe gegangen; doch bald hatte es sie gelangweilt, an der Bar zu sitzen und nur ab und zu ein paar Worte mit ihm wechseln zu können, wenn er gerade keine anderen Gäste bediente.

Angela schilderte mir, wie sehr sie sich nach Liebe und Zärtlichkeit sehnte, die sie von Geoff nicht bekam, weil er so selten zu Hause war. Sie hatte den Verdacht, daß Geoff mehr an der Kneipe und an seinem Auto lag als an ihr. Daher war sie auch eifersüchtig und fühlte sich als Frau abgelehnt. Diese Gefühle machten sie sehr anfällig für eine Liebesaffäre. Sie traute sich selbst nicht mehr über den Weg.

Ihr Übergewicht gab ihr die Gewißheit, daß sie ihrem Mann treu bleiben würde, denn es hielt andere Männer von vornherein von Annäherungsversuchen ab.

Vielleicht fragen Sie sich jetzt, warum Angela nicht einfach mit Geoff über ihre Gefühle sprach. Nun, das liegt daran, daß geringes Selbstbewußtsein meistens mit Schuldgefühlen gepaart ist. Ihr geringes Selbstvertrauen redete ihr ein: »So reizvoll kann ich nicht sein, wenn er lieber arbeiten geht, als bei mir zu bleiben«, und die Schuldgefühle suggerierten ihr: »Ich möchte keine dieser schrecklichen nörgelnden Ehefrauen sein – ein Mann braucht schließlich seine Freiheit.«

Doch als sie dann begriff, auf welche Ursachen ihr Eßproblem zurückzuführen war, wurde ihr klar, wie wichtig es war, etwas gegen ihre Unzufriedenheit in ihrer Ehe zu tun. Um ihr dabei zu helfen, gab ich ihr das Material aus Teil 3 meines Programms zum Lesen nach Hause mit.

Bei unserer nächsten Sitzung eine Woche später erzählte sie mir, daß sie alle Ratschläge befolgt, ihren Mut zusammengenommen und ihrem Mann klipp und klar gesagt hatte, er solle doch abends öfter zu Hause bleiben. Seine Antwort kam völlig überraschend für sie: »Warum hast du mir das nicht früher gesagt? Du hattest nie etwas dagegen, daß ich abends in die Kneipe ging; deshalb nahm ich an, daß es dir nur recht ist, wenn ich nicht da bin.«

Geoff war einverstanden damit, abends seltener zu arbeiten und die Raten für das Auto über einen längeren Zeitraum hinweg abzuzahlen. Die beiden verliebten sich wieder ineinander und sprachen viel mehr miteinander als früher. Jetzt war Angelas Übergewicht überflüssig geworden, denn sie brauchte sich keine Sorgen mehr um ihre Treue zu machen.

Von da an nahm sie drei Pfund pro Woche ab, ohne irgend etwas dafür tun zu müssen – einfach nur deshalb, weil der innere Zwang, der sie zum Essen getrieben hatte, nicht mehr da war. Inzwischen hat sie wieder das Gewicht erreicht, das sie damals bei ihrer Hochzeit hatte, und nimmt auch nicht mehr zu.

Angelas Problem löste sich, sobald sie begann, auf der Erfüllung ihrer Bedürfnisse zu bestehen.

In Teil 3 des Programms werden Sie mehr über das Thema Durchsetzungsvermögen erfahren.

Ein innerer Kampf

Vielleicht ist es für Sie schwer nachzuvollziehen, daß hinter Ihren Eßgewohnheiten der unbewußte Wunsch stecken könnte, dick zu sein. Aber ich hoffe, daß Sie zumindest beginnen, einen möglichen Zusammenhang zu erkennen.

Wenn Ihr bewußter Wunsch, schlank zu sein, mit einer unbewußten Strategie in Konflikt steht, die darauf abzielt, daß Sie dick werden, kommt es unweigerlich zu einem inneren Kampf. Unser Unterbewußtsein ist sehr stark – daher ist das ein Kampf, den das Bewußtsein nur selten gewinnt. Dieser Kampf führt zu den merkwürdigen Verhaltensweisen vieler Menschen, die unter Eßproblemen leiden. Vor Freunden halten sie sich vielleicht strikt an ihre Diät, essen aber heimlich und haben dabei gleichzeitig ein schlechtes Gewissen. Dann sagen ihre Freunde: »Ich verstehe nicht, warum du ständig zunimmst – du ißt doch kaum etwas.«

Ich möchte hier nicht näher auf die Gewohnheiten, die Leiden und den Selbstekel von Menschen mit Eßproblemen eingehen. Denn es hat meinen Klientinnen nie geholfen, in ihrem eigenen Unglück zu schwelgen. Stundenlanges Reden über die Symptome löst keine Probleme, sondern stürzt die Betroffenen lediglich in eine tiefe Depression. Nur neue Perspektiven können Probleme lösen.

Eine der neuen Perspektiven dieses Programms besteht darin, die Impulse unseres Unterbewußtseins nicht mehr als etwas Feindliches zu betrachten, sondern zu versuchen, sie zu verstehen, und darauf abzuzielen, daß Bewußtsein und Unterbewußtsein *zusammenarbeiten.*

Die nächste Übung hilft Ihnen vielleicht, zu einem solchen Verständnis zu gelangen.

Übung:
Phantasiereise »durch dick und dünn«

Sie sollten den Text der folgenden Visualisierungsübung zweimal lesen, damit Sie die Anleitungen auswendig kennen und bei der Übung die Augen schließen können.

Setzen oder legen Sie sich so bequem wie möglich hin ... Schließen Sie die Augen ... und stellen Sie sich vor, Sie wären auf einer Party ... Sie werden immer dicker ... Inzwischen hat Ihr Körper schon einen Riesenumfang ... Was ist das für ein Gefühl? ... Achten Sie einmal auf Ihre Umgebung ... Was für ein Gefühl flößt sie Ihnen ein? ... Was ist das für eine Party? ... Was passiert da? ... Achten Sie darauf, ob Sie sitzen, stehen oder herumlaufen ... Was haben Sie an, und wie fühlen Sie sich in Ihrer Kleidung? ... Was sagt Ihre Kleidung aus? ... Beobachten Sie die Situation ganz genau in allen Details ... Was für Kontakte haben Sie zu den anderen Leuten auf der Party? ... Stehen Sie ganz allein da oder sprechen, tanzen und essen Sie mit den anderen? ... Haben Sie das Gefühl, aktiv an der Party teilzunehmen, oder fühlen Sie sich ausgeschlossen? ... Ergreifen Sie die Initiative, um Kontakt mit anderen Menschen zu bekommen, oder gehen die anderen auf Sie zu? ... Nun achten Sie darauf, was Ihr »dickes« Ich den anderen Gästen sagt ... Hat es irgendwelche besonderen Botschaften für sie? ... Hilft es Ihnen irgendwie weiter, in dieser Situation dick zu sein? … Versuchen Sie über das Gefühl des Selbstekels hinauszuwachsen, das Sie vielleicht empfinden, und herauszufinden, ob es nicht doch irgendwelche Vorteile für Sie mit sich bringt, auf dieser Party so dick zu sein …

Und nun stellen Sie sich vor, wie Ihr ganzes Fett von Ihnen abfällt und schmilzt wie Schnee in der Sonne. In Ihrer Phantasie sind Sie jetzt so schlank, wie Sie es sich schon immer erträumt haben … Sie sind immer noch auf derselben Party... Was haben Sie jetzt an? … Was verraten diese Kleidungsstücke über Sie? … Wie fühlen Sie sich jetzt in Ihrem Körper? … Fühlen Sie sich nun weniger ausgeschlossen oder noch ausgeschlossener? … Kommen die Partygäste auf Sie zu, oder tun Sie den ersten Schritt? Wie ist Ihr Kontakt zu den anderen? … Achten Sie einmal darauf, ob es Ihnen irgendwie beängstigend vorkommt, auf dieser Party schlank zu sein … Und nun schalten Sie in Ihrer Phantasie zwischen den beiden Szenen hin und her, und achten Sie auf die Unterschiede …

Schildern Sie in den folgenden Leerzeilen Ihre Gefühle und beschreiben Sie, was Sie bei dieser Übung für neue Entdeckungen gemacht haben:

Wenn diese Party in Ihrer Phantasie in irgendeiner Hinsicht angenehmer für Sie war, als Sie dick waren, dann haben Sie zumindest eine Ursache gefunden, die Ihren Eßproblemen zugrundeliegt.

(Herzlichen Dank an Susie Orbach, der Autorin vom *Anti-Diätbuch,* das im Verlag Frauenoffensive erschien, die die obige Übung in ihren Eßtherapiegruppen eingesetzt hat.)

Viele meiner Klientinnen reagierten anfangs negativ darauf, wenn sie in ihrer Phantasie immer dicker wurden – sie fühlten sich wie ein Fettkloß oder ekelten sich vor sich selbst. Doch nach diesen anfänglichen unangenehmen Empfindungen begannen viele auch die angenehmen Seiten ihres Übergewichts zu entdecken, zum Beispiel:

»Ich fühlte mich sicherer – die Männer verschlangen mich nicht mehr mit Blicken.«

»Ich wurde freundlicher und glücklicher.«

»Die anderen Leute hörten mir zu.«

»Ich konnte ganz ruhig dasitzen und mich entspannen – ich stand nicht mehr unter dem Druck, auf andere wirken zu müssen.«

»Ich stand nicht mehr im Konkurrenzkampf mit anderen Frauen.«

»Ich war ich selbst.«

»Ich fühlte mich stärker und irgendwie überzeugender.«

Wenn Sie sich während dieser Phantasiereise »durch dick und dünn« in Ihrem schlanken Ich hundertprozentig wohl fühlten, ist das ein Zeichen dafür, daß Ihr Übergewicht Ihnen in dieser speziellen Phantasiesituation keine Vorteile bringt. Doch ehe wir nun zu dem Schluß kommen, daß Ihr Übergewicht überhaupt keine positiven Seiten für Sie hat, sollten Sie diese Phantasievorstellung einmal an einen anderen Schauplatz verlegen. Wählen Sie eine Situation, die Ihnen unangenehm sein könnte – zum Beispiel ein Besuch bei Ihren Eltern, Ihren Schwiegereltern, eine Situation an Ihrem Arbeitsplatz oder vielleicht auch mit Ihrem Mann und Ihren Kindern.

Durchlaufen Sie in jeder dieser Situationen die gesamte Phantasievorstellung und verwandeln Sie sich von einer dicken in eine schlanke Frau.

Diese Übungen sind wichtig, weil sie Ihnen helfen, Ihr Problem zu verstehen. Je mehr Zeit Sie sich dafür nehmen, um so mehr werden Sie davon profitieren.

Gehen Sie erst dann zum nächsten Abschnitt des Programms über, wenn Sie die Frage: »Bringt Ihr Übergewicht Ihnen irgendwelche Vorteile?« eindeutig beantworten können.

Falls die Antwort »Ja« lautet, schreiben Sie die Lösung in die untenstehenden Zeilen:

Unbewußt versuche ich mit meinem Übergewicht

____

____

____

____

____

Diese Antwort wird Ihnen ganz klar sagen, was Sie ändern müssen, um Ihr Gewichts-/Eßproblem zu lösen. Und in Teil 3 dieses Programms werden Sie auch erfahren, wie das geht: Sie müssen nämlich die Aufgabe, die Ihr Übergewicht momentan für Sie zu erfüllen versucht, selbst übernehmen.

Es kann aber auch noch andere, tief in Ihrem Inneren liegende emotionale Ursachen für Ihr Problem geben. Sie haben ihren Ursprung häufig in der Familie.

Von Generation zu Generation weitervererbt ...

Ein Thema, das bei meinen Klientinnen immer wiederkehrte, war die Beziehung zur Mutter. Deshalb wollen wir uns nun einmal etwas näher mit der Mutter-Tochter-Beziehung beschäftigen.

Ihre Mutter hat Ihnen als Vorbild für Ihr Verhalten als Frau gedient. Das Verhalten Ihrer Mutter war wiederum von deren Mutter geprägt; und all diese Verhaltensweisen standen unter dem Einfluß der Rollenerwartungen, die die Gesellschaft zur jeweiligen Zeit an Frauen stellte. Die meisten Mädchen glaubten, ihre Rolle als Frau bestehe darin, für andere Menschen dazusein, statt ihren eigenen Weg zu gehen und ihre Talente weiterzuentwickeln. Oft wurden sie nicht zum Studium ermutigt, und so blieben ihnen viele berufliche Möglichkeiten verschlossen. In letzter Zeit hat sich das geändert; aber wenn Sie einer Generation angehören, in der das fürsorgliche, selbstlose Frauenbild vorherrschte, identifizieren Sie sich vielleicht immer noch stark mit dieser Rolle.

Der zentralen Rolle der Mutter – ihre Kinder großzuziehen und für sie dazusein – wird häufig ein zu hoher Stellenwert eingeräumt, weil es im Leben einer Mutter nicht viel anderes zu geben scheint. Oft lebt eine Mutter nur für ihre Kinder. Was bliebe ihr ohne ihre Kinder? So entsteht ein Konflikt: Einerseits hat sie das Bedürfnis, ihre Kinder aufwachsen zu sehen, bis sie auf eigenen Füßen stehen können; aber andererseits möchte sie doch immer noch von den Kindern gebraucht werden.

Dieses Bedürfnis, gebraucht zu werden, kann dazu führen, daß eine Mutter überängstlich ist und ihre Kinder zu sehr umsorgt und behütet. Dadurch sinkt zwangsläufig das Selbstvertrauen der Kinder. Eine überängstliche Mutter überfüttert ihre Kinder in ihrer übertriebenen Fürsorge häufig auch. So entstehen schon frühzeitig falsche Eßgewohnheiten.

Mütter, die sich über den Verlust ihrer zentralen Rolle ärgern, wenn die Kinder anfangen, auf eigenen Füßen zu stehen, machen ihren Kindern häufig ein schlechtes Gewissen, um sie von sich abhängig zu halten. (Eine meiner Klientinnen erzählte mir, daß ihre Mutter tagelang beleidigt ist, wenn sie sie nicht jeden Tag besucht.)

Wenn man Ihnen ein schlechtes Gewissen einimpft, sinkt Ihr Selbstbewußtsein.

Aber auch aus der Perspektive der Tochter kann ein Konflikt entstehen: Einerseits möchte sie frei und unabhängig sein, andererseits widerstrebt ihr dies, weil Frauen in unserer Gesellschaft immer noch keine Gleichberechtigung genießen. (Eine magersüchtige Klientin fürchtete, wenn sie in ihrem Leben zuviel Erfolg hätte, würde sie besser sein als ihre Mutter – und sie wollte ihre Mutter auf keinen Fall verletzen.)

Es gibt auch noch andere Ursachen für Übergewicht, die in der Mutter-Tochter-Beziehung begründet sind:

- Rebellion gegen den Wunsch der Mutter nach einer »perfekten« Tochter: Mit ihrem Übergewicht bringt die Tochter klar und deutlich das Bedürfnis nach Unabhängigkeit von ihrer Mutter zum Ausdruck
- Eine versteckte Botschaft an die Mutter: »Ich komme allein nicht zurecht; ich brauche dich immer noch als Mutter.«
- Eine Art, der Mutter zu zeigen, wie »groß und stark« man ist: »Ich bin groß genug, um allein zurechtzukommen.«

Analysieren Sie Ihre Beziehung zu Ihrer Mutter doch einmal, und konzentrieren Sie sich dabei besonders auf mögliche Konflikte. Versuchen Sie herauszufinden, ob diese Konflikte irgendeinen Einfluß auf Ihr Eßverhalten oder Ihr Übergewicht haben. Schreiben Sie Ihre Ideen dazu in die untenstehenden Leerzeilen:

Übergewicht und Versagensängste

Manche Frauen bringen mit ihrem Übergewicht auch ihre (bewußten oder unbewußten) Versagensängste zum Ausdruck. Haben Sie sich schon einmal bei einem der folgenden Aussprüche ertappt:

»Ich könnte schon einen Job finden, wenn ich nicht so dick wäre.«

oder:

»Sobald ich abgenommen habe, fange ich an, etwas für meine Fitneß zu tun.«

oder:

»Wenn ich schlanker wäre, hätte ich sicher auch öfter Lust auf Sex.«

Es gibt noch unendlich viele solcher Beispiele. Übergewicht ist ein sehr bequemer Sündenbock: Man kann ihm die Schuld an allem möglichen zuschieben, was einem nicht gelingt oder was man gar nicht erst versucht. Wenn diesen Schuldzuweisungen Versagensängste zugrundeliegen, gebrauchen Sie Ihr Übergewicht so lange als Ausrede, bis diese Ängste ausgeräumt sind. Dann bringen Ihre überzähligen Pfunde Ihnen tatsächlich einen Vorteil.

Was sagen Sie immer, was Sie alles tun werden, sobald Sie schlanker sind? Schreiben Sie die Antworten in die untenstehenden Leerzeilen.

Und nun schauen Sie sich Ihre Antworten noch einmal an, und umkringeln Sie alle, die mit Ängsten oder Sorgen zu tun haben.

Der Ausweg aus Versagensängsten ist Selbstbewußtsein und Selbstvertrauen. Ist Ihnen noch nicht aufgefallen, mit welchem Selbstbewußtsein manche Leute alles mögliche versuchen und dabei der Tatsache ins Auge sehen, daß es auch mißlingen kann (was es dank ihrer positiven Einstellung allerdings selten tut)?

Falls Ihre Eßprobleme in diese Kategorie gehören, dürfte Teil 3 meines Programms Ihnen weiterhelfen.

Essen als Trost

Wir alle brauchen emotionale Zuwendung – Liebe und Zärtlichkeit.

Wenn wir nicht genügend Zuwendung von anderen Menschen bekommen, suchen wir häufig Trost beim Essen. Schließlich haben wir Liebe und Fürsorge schon im Babyalter mit Nahrungsaufnahme assoziiert. Als Kinder wurden wir dann mit Süßigkeiten belohnt, wenn wir »brav« waren, oder mit Süßigkeiten bestochen, damit wir »brav« waren; oder unsere Eltern lenkten uns mit Süßigkeiten von irgendeinem Schmerz ab: Wieder assoziierten wir Nahrung mit Gefühlen. (Ich weiß noch, wie eine Krankenschwester mich als vierjährigen Jungen wegen meiner Tapferkeit lobte und mir ein Karamelbonbon schenkte, als mir eine Wunde genäht werden mußte.)

Denken Sie einmal an Ihre eigene Kindheit zurück, und schreiben Sie in die untenstehenden Leerzeilen, wann und warum Sie als Kind Leckerbissen (Süßigkeiten, Schokolade, Kuchen, Kekse, Chips usw.) geschenkt bekamen. Suchen Sie nach der emotionalen Assoziation, die damit verbunden war:

Essen zur Unterdrückung von Gefühlen

Mit Essen kann man sich auch für einen Mangel an angenehmen Gefühlen entschädigen oder unangenehme Gefühle unterdrücken.

Wenn Emotionen wie Zorn, schlechtes Gewissen oder Niedergeschlagenheit in Ihnen aufsteigen, können Sie diese nur schwer erträglichen Gefühle durch Essen betäuben. Je stärker und schwerer zu verkraften die Gefühle sind, um so intensiver konzentrieren sich Ihre Gedanken häufig aufs Essen. Die Extremform dieser Strategie ist eine Freßattacke, bei der das Essen alle anderen Gedanken und Gefühle auslöscht.

Nehmen wir einmal an, irgend etwas an Ihrer Partnerbeziehung deprimiert Sie, und Sie suchen deshalb Zuflucht beim Essen. Essen kann Ihnen tatsächlich bis zu einem gewissen Grad Trost und angenehme Gefühle schenken und Sie von Ihrem Stimmungstief ablenken. Aber diese Strategie funktioniert natürlich nur vorübergehend und hat außerdem unerwünschte Nebenwirkungen. (Sie nehmen zu.) Außerdem weichen Sie damit dem wahren Problem aus.

Dieses wahre Problem liegt in Ihrem eigenen Inneren. Vorübergehende Ablenkungen und »Trostpflästerchen« sind keine Lösung dafür.

Wenn Sie nicht wissen, wie Sie sich selbst ändern sollen, ist es nur allzu verständlich, daß Sie Zuflucht zu jeder nur denkbaren Hilfe nehmen.

Spielen eine oder mehrere der folgenden Emotionen immer wieder eine Rolle in Ihrem Leben? Wie ist Ihnen bei dem Gedanken an diese Gefühle zumute?

- Schuldgefühle
- Angst
- Wut
- Eifersucht

- Gekränktsein
- Niedergeschlagenheit
- Verzweiflung
- Unsicherheit
- Einsamkeit
- das Gefühl, abgelehnt zu werden

Versuchen Sie diese Gefühle durch Essen zu betäuben? Zählen Sie in den untenstehenden Leerzeilen die Gefühle auf, die für Sie am schwersten zu verkraften sind. (Sie brauchen sich dabei nicht unbedingt auf die obige Liste zu beschränken.)

In Teil 3 meines Programms werden Sie lernen, Ihre Gefühle unter Kontrolle zu bekommen, so daß Sie nicht mehr essen müssen, um sie zu unterdrücken.

Die Bedeutung des Essens in der Kindheit

Sie haben die Übung zu Beginn dieses Abschnitts, in der ich Sie bat, sich einmal die Leckerbissen Ihrer Kindheit ins Gedächtnis zurückzurufen, ja bereits gemacht. Aber Essen hängt nicht immer nur mit Liebe und Trost, sondern auch mit anderen starken Einflüssen zusammen.

Erinnern einige der folgenden Sätze Sie an Ihre Kindheit?

»Es spielt keine Rolle, ob du Hunger hast oder nicht. Du stehst erst vom Tisch auf, wenn du deinen Teller leer gegessen hast.«

(Dadurch lernen Kinder, die Signale ihres Körpers mit Angst in Verbindung zu bringen.)

»Iß, damit du groß und stark wirst.«

(Dadurch wird Essen mit Stärke und Erwachsenwerden assoziiert.)

»Wenn du nicht aufißt, gibt es keinen Nachtisch.«

(Dieser Satz fördert eine negative Einstellung zu leckerem Essen, denn schließlich läßt sich niemand gern zu etwas zwingen. Außerdem wird man dadurch schon als Kind dazu ermutigt, zu essen, obwohl man gar keinen Hunger hat. Süßigkeiten werden zur Belohnung.)

»Essen wegzuwerfen ist Verschwendung.«

(Auch mit diesem Satz fordern die Eltern das Kind dazu auf, zu essen, obwohl es nicht hungrig ist. Sie jagen ihm ein schlechtes Gewissen ein: Es darf nichts auf dem Teller liegenbleiben, egal, ob du Hunger hast oder nicht.)

Menschen, die in der Nachkriegszeit oder in einer armen, kinderreichen Familie aufgewachsen sind oder bei denen es früher aus irgendeinem anderen Grund nicht genug zu essen gab, schaufeln oft auch heute noch jede Mahlzeit so gierig in sich hinein, als sei es ihre letzte: Sie essen hastig und lassen niemals etwas übrig.

Das sind nur ein paar Einflüsse aus der Kindheit, die sich auf Ihr Eßverhalten als Erwachsener auswirken können. Natürlich sind bei jedem Menschen andere Einflüsse am Werk. Die nächste

Übung wird Ihnen helfen, sich über die Einflüsse Klarheit zu verschaffen, die Ihr eigenes Eßverhalten geprägt haben.

Übung:

Reise in die Vergangenheit: Essen in Ihrer Kindheit

Lesen Sie folgende Übung ein paarmal durch. Dann schließen Sie die Augen, und begeben Sie sich auf die in der Übung beschriebene Erinnerungsreise.

> *Kehren Sie zu irgendeinem Zeitpunkt zwischen Ihrem fünften und Ihrem zehnten Geburtstag zurück ... Erinnern Sie sich an das Haus, in dem Sie damals lebten ... die Küche ... Ihr Schlafzimmer ... Sehen Sie die Gesichter Ihrer Familienangehörigen so, wie sie damals ausgesehen haben ... Erinnern Sie sich an die gemeinsamen Mahlzeiten mit Ihrer Familie – vielleicht an das Mittagessen am Sonntag ... Ist die Atmosphäre angespannt oder entspannt ...? Wie verhalten Ihre Mutter und Ihr Vater sich Ihnen gegenüber ...? Und wie verhalten Sie sich ...? Wie essen Sie ...? Achten Sie auch auf die anderen Familienmitglieder ... Vielleicht empfangen Sie von den anderen irgendwelche Botschaften, die mit Essen zu tun haben ... Bleiben Sie in dieser Szene und untersuchen Sie alles, was bei diesem Essen geschieht. Lassen Sie sich dazu so lange Zeit, wie Sie brauchen.*

Und nun schreiben Sie auf, was Sie über die Essens-Assoziationen gelernt haben, die in Ihrer Kindheit entstanden sind:

Wie bereits erwähnt, akzeptiert Ihr Unterbewußtsein in jungen Jahren vieles, was falsch ist. Denn es kann nicht so logisch denken und die Spreu vom Weizen trennen, wie Sie es jetzt als Erwachsener können. Deshalb ist es nun an der Zeit, die obige Liste durchzugehen und zu entscheiden, welche neuromentalen Assoziationen im Hinblick aufs Essen für Sie heute keine Gültigkeit mehr haben. Wenn Sie beispielsweise als Kind dazu erzogen wurden, »immer alles aufzuessen – egal, ob du Hunger hast oder nicht«, müssen Sie diese Botschaft jetzt vielleicht abändern in: »Ich höre auf zu essen, wenn ich satt bin« oder »Essen übrigzulassen ist besser, als zuviel zu essen.«

Damit Ihnen die neuen Botschaften auch wirklich in Fleisch und Blut übergehen, sprechen Sie jede Botschaft mindestens zehnmal mit fester, entschlossener Stimme laut vor sich hin und fügen jedesmal hinzu: »Die alte Botschaft gilt jetzt nicht mehr.«

Anschließend stellen Sie sich bildlich vor, wie Sie Ihren neuen Grundsatz in die Tat umsetzen.

Listen Sie Ihre neuen Botschaften hier auf:

Eßverhalten während und nach der Schwangerschaft

Während der Schwangerschaft

- »Hurra, jetzt merkt man wenigstens nicht mehr, daß ich dick bin!« ist eine sehr häufige Reaktion. Wenn eine Frau lange Zeit mit Eßproblemen zu kämpfen hatte, freut sie sich schon deshalb über ihre Schwangerschaft, weil sie dann neun Monate lang nach Herzenslust essen kann, ohne daß man es ihr ansieht – als Entschädigung für all die Entbehrungen, die sie sich vorher auferlegt hat.
- »Nimm doch noch etwas – schließlich ißt du jetzt für zwei.« Oft ermuntern andere Menschen eine schwangere Frau zum Essen, auch wenn es gar nicht nötig ist – es sei denn, sie ist selbstbewußt genug, um sich durchzusetzen: »Nein, danke. Ich vertraue auf meinen Körper, und er sagt mir, daß ich keinen Hunger habe.«
- »Wer bekommt hier eigentlich ein Baby – ich oder das Krankenhaus?« Wenn Ärzte und Krankenschwestern die Schwangere zu sehr bevormunden, hat sie das Gefühl, die Kontrolle über das Geschehen zu verlieren, und ärgert sich oder beginnt an sich selbst zu zweifeln. Das kann dazu führen, daß sie Trost im Essen sucht.
- »Werde ich überhaupt mit den Aufgaben einer Mutter fertig werden?« Trotz liebevoller Unterstützung ist es nur natürlich, daß eine schwangere Frau Angst bekommt, ihrer neuen Rolle nicht gewachsen zu sein – vor allem beim ersten Kind. Auch das kann dazu führen, daß sie sich ins Essen flüchtet.

Falls die Aussagen in diesem Abschnitt auf Sie zutreffen, schreiben Sie bitte Ihre emotionalen Erlebnisse und die Erfahrungen mit Ihrem Eßverhalten während der Schwangerschaft hier nieder und versuchen Sie eine Erklärung dafür zu finden:

Mutter und Baby

Viele Frauen erreichen nach der Geburt nicht wieder ihr ursprüngliches Gewicht; viele nehmen sogar noch zu. Dafür gibt es mehrere mögliche Erklärungen:

- »Ich bin schon seit einem halben Jahr nicht mehr ausgegangen.« Ein Baby zu versorgen, ist eine drastische Veränderung im Leben einer Frau. Oft hat sie dann keine Gelegenheit mehr zum Sport oder Training und muß sich neue Bewegungsmöglichkeiten schaffen, die sich mit den Bedürfnissen des Babys vereinbaren lassen (zum Beispiel, auf dem Heimfahrrad zu trainieren, während das Kind schläft).
- »Ich leide unter einer Wochenbettdepression.« Auch das kann dazu führen, daß eine Frau Trost im Essen sucht. Sobald die Depression vorüber ist, legt sich oft auch das Verlangen nach Essen wieder. Doch wenn die Mutter inzwischen mit einer Diät begonnen hat, kann der Teufelskreis »Essen-Diät-Essen-Diät« sich auch dann weiter fortsetzen, wenn die Depression schon längst wieder verschwunden ist.

- »Ich bin innerlich noch nicht bereit zum Sex.«
  Wenn eine Frau mit ihrem Partner nicht offen über diese Gefühle sprechen kann – vielleicht, weil sie es für ihre Pflicht hält, seine sexuellen Bedürfnisse zu befriedigen –, kann es sein, daß ihr Unterbewußtsein sie zum Essen antreibt, damit sie dick wird und sexuell weniger attraktiv wirkt.
- »Ihr kommt ja doch nur zu Besuch, um euer Enkelkind zu sehen.« Während der Schwangerschaft dreht sich alles um die Frau; doch wenn Eltern, Schwiegereltern, Freunde und Ehemann nach der Geburt ihre ganze Aufmerksamkeit dem Baby zuwenden, kann es sein, daß die Mutter sich vernachlässigt fühlt oder eifersüchtig wird – und aus Kummer ißt.

Das sind nur ein paar Möglichkeiten. Falls dieser Aspekt auf Sie zutrifft, analysieren Sie die Assoziationen zwischen Essen und Gefühlen, die nach Ihrer Schwangerschaft entstanden sind:

Zusammenfassung möglicher Ursachen

1. Sie stehen unter dem Druck, dem Idealbild der Gesellschaft zu entsprechen

(»Es ist schön, superschlank zu sein« – der innere Zwang zu Diäten führt zu zwanghaftem Eßverhalten.)

2. Ihr Übergewicht ist eine unbewußte Botschaft an Ihre Mitmenschen

(»Ich bin groß und stark; ich passe mich nicht an; ich bin sexuell nicht verfügbar; ich brauche dich noch, Mama« usw.)

3. Essen als Liebesersatz

(»Ich liebe Schokolade – und die ist wenigstens immer für mich da.«)

4. Sie essen, um unangenehme Gefühle zu unterdrücken

(Essen statt Angst oder Einsamkeit)

5. Sie stehen immer noch unter dem Einfluß von Botschaften aus der Kindheit, die mit dem Essen zu tun haben

(»Essen wegzuwerfen ist Verschwendung. Wenn du deinen Teller nicht leer ißt ...«)

6. Falsche Eß- und Lebensgewohnheiten sind Ihnen in Fleisch und Blut übergegangen

(Es ist einfacher, bei altvertrauten Verhaltensmustern zu bleiben.)

Schlußfolgerungen

Eßprobleme entstehen durch falsche neuromentale Assoziationen (NMAs). Es gibt zwei Arten solcher NMAs:

- Habituelle NMAs:

Das sind NMAs, hinter denen keine Emotionen stecken – zum Beispiel, wenn Sie im Supermarktregal aus reiner Gewohnheit immer nach den fett- oder zuckerreichen Snacks greifen, statt sich ausgewogen zu ernähren. Sie sehen eine Packung Chips und haben die Packung schon aufgerissen und angefangen zu essen, ehe es Ihnen überhaupt richtig bewußt wird. Wenn das bei Ihnen der Fall ist, müssen Sie Ihre Motivation und Ihre Entschlossenheit stärken, um diese alten Gewohnheiten zu durchbrechen.

- Emotionale NMAs:

Das sind NMAs, die mit intensiven Gefühlen verbunden sind. Unbewußt versuchen Sie mit dem Essen oder mit Ihrem Übergewicht Ihre emotionalen Bedürfnisse zu befriedigen. Wenn Sie versuchen, ohne dieses Essen oder ohne Ihr Übergewicht auszukommen, löst das unangenehme Gefühle in Ihnen aus. Sie fühlen sich unwohl, wenn Sie essen, und Sie fühlen sich auch unwohl, wenn Sie es nicht tun. In diesem Fall müssen Sie lernen, Ihre emotionalen Bedürfnisse zu befriedigen, ohne ein Bedürfnis nach Essen zu haben. Sobald Sie das erreicht haben, ist Essen nur noch dazu da, Ihren Körper zu ernähren. Dann werden Sie Genuß an gesunden, vollwertigen Nahrungsmitteln haben.

Ihre eigenen Schlußfolgerungen

Was für Schlußfolgerungen haben Sie aus der bisherigen Lektüre gezogen? Was haben Sie über sich selbst und Ihre Beziehung zum

Essen gelernt? Haben Sie die Ursache Ihres Eßproblems schon entdeckt? Bitte halten Sie Ihre Schlußfolgerungen hier fest:

Teil 3:
Psychologische und praktische Lösungen

Einführung

Im Laufe Ihrer Arbeit an Teil 2 des Programms dürften Sie die Ursache Ihres Eßproblems eindeutig erkannt haben. Allein durch dieses Wissen fühlen Sie sich vielleicht schon viel besser. Es befreit Sie von Ihrer Hilflosigkeit und eröffnet Ihnen die Möglichkeit, Lösungen zu finden. Doch diese Möglichkeit allein garantiert noch keinen Erfolg. Jetzt müssen Sie entscheiden, was Sie tun wollen, und es auch in die Praxis umsetzen.

Manche Menschen finden zwar die Ursachen ihres Problems, haben dann aber doch Angst davor, Schritte zu unternehmen, die ihr Leben von Grund auf verändern werden. Das ist verständlich, denn die meisten Menschen assoziieren Veränderung mit Angst vor dem Unbekannten. Auch Versagensängste können eine große Rolle spielen. Deshalb konzentrieren wir uns in Teil 3 unseres Programms zunächst einmal darauf, Selbstvertrauen aufzubauen; dieses Selbstvertrauen wird Ihnen den Mut geben, die nötigen Veränderungen in Angriff zu nehmen. Sobald Sie mehr Selbstvertrauen haben, werden Sie auch in der Lage sein, anders als bisher für die Erfüllung Ihrer emotionalen Bedürfnisse zu sorgen. Anschließend werden Sie den Abschnitt über die Veränderung von Gewohnheiten durcharbeiten. Und zum Schluß lernen Sie den Zehn-Wochen-Aktionsplan kennen, der Ihnen hilft, sich auf die Erreichung Ihrer Ziele zu konzentrieren.

Wenn Sie beschließen, Ihr Leben zu verändern, wird Sie das zwangsläufig Energie kosten. Falls Sie motiviert sind, kann das eine

Herausforderung für Sie sein, deren Bewältigung sich letzten Endes auch lohnen wird. Hinter jeder Motivation steckt ein Wunsch. Stärken Sie Ihre Motivation, Ihr Leben zum Positiven zu verändern, indem Sie so oft wie möglich an Ihren Wunsch nach einer Veränderung denken. Gehen Sie mit dem Gedanken ins Bett: »Ich will mich verändern, und ich werde mich verändern …«

So stärken Sie Ihr Selbstwertgefühl

Ihr Bild von sich selbst: Wofür halten Sie sich?

Ihr Selbstbild besteht aus Ihren Ansichten und Einstellungen und Ihrem Selbstbewußtsein. Wenn Sie zum Beispiel glauben, daß Frauen nicht gut Autos reparieren können, wird diese Überzeugung zu einem Teil Ihrer Selbstwahrnehmung – des Bildes, das Sie von sich selbst haben. Also denken Sie: »Ich würde keinen guten Automechaniker abgeben, weil ich eine Frau bin.« Wenn Sie das denken, mit welcher Haltung würden Sie dann wohl an ein Auto herangehen, das nicht anspringt? Sicherlich ohne großes Selbstvertrauen. Sie sehen:

Ihre Überzeugungen werden zu Ihrer Realität.

An einer Schule in den USA wurde einmal ein Experiment durchgeführt. Zu Beginn des Schuljahrs bat der Direktor drei Lehrer zu einer Besprechung in sein Büro und sagte ihnen, daß jeder von ihnen dieses Jahr eine Klasse übernehmen würde, deren Schüler einen überdurchschnittlich hohen Intelligenzquotienten hätten. Die Lehrer waren begeistert und freuten sich darauf, Schüler zu bekommen, mit denen die Arbeit Freude machen und geistig anregend sein würde. Dabei hatten die Schüler, die diese Lehrer unterrichten sollten, in Wirklichkeit gar keinen überdurchschnittlichen IQ.

Am Ende des Schuljahrs schnitten diese drei Klassen in ihren Zeugnissen wesentlich besser ab als die übrigen Klassen ihres Jahrgangs. Auch die IQs der einzelnen Schüler waren stark angestiegen.

Nachdem der Schulleiter diese Ergebnisse bekanntgegeben hatte, unterhielten die drei Lehrer sich darüber, was für eine positive Erfahrung es gewesen sei, so intelligente Schüler zu unterrichten. Da eröffnete der Direktor ihnen, daß diese Schüler, die sie so in den höchsten Tönen lobten, in Wirklichkeit nur einen durchschnittlichen IQ gehabt hatten und daß man sie absichtlich belogen hatte, um dieses Experiment durchführen zu können.

Da wurde den Lehrern klar, daß ihre Überzeugungen ihren Erwartungshorizont beeinflußten, was sich wiederum auf ihr Verhalten auswirkte. Sie waren begeisterter, geduldiger, ermutigten ihre Schüler mehr usw. Durch dieses Verhalten holten Sie das Beste aus den Schülern heraus, die dadurch tatsächlich zu dem wurden, wofür ihre Lehrer sie hielten. *Glaube wurde Wirklichkeit.*

Früher hielten die Menschen die Erde für eine Scheibe. Seefahrer glaubten, wenn sie dem Rand der Erde zu nahe kämen, würden sie herunterfallen. In ihrer Realität war die Erde eine Scheibe, und sie empfanden echte Angst, wenn sie glaubten, daß ihr Schiff sich in der Nähe des Randes der Erde befand.

Daraus kann man folgenden Schluß ziehen:

Wenn Sie Ihre Überzeugungen ändern, verändert sich dadurch automatisch auch Ihre Realität.

Wie ist Ihr Selbstbild entstanden?

Ein kleines Baby hat

1. keine Angst – es probiert alles aus

2. keine Hemmungen – es zeigt ganz spontan seine Gefühle und Bedürfnisse

Sobald das Baby größer wird, findet ein Lernprozeß statt. Das Baby lernt

1. durch Nachahmung – es imitiert seine Eltern
2. durch Suche nach Genuß – Babys tun stets das, was ihnen ein gutes Gefühl gibt
3. durch Vermeidung von Schmerz – Babys tun nichts, was ihnen weh tut

Wenn Babys mit ihrer Umgebung herumzuexperimentieren beginnen, fassen sie alles an, was sich in ihrer Reichweite befindet. Diese hemmungslose Neugier wird bei den meisten Kindern mit vielen Verboten von seiten der Erwachsenen quittiert: »Hör auf! Nein! Das darfst du nicht. Das ist schmutzig!« usw. Diese wiederholte Unterdrückung der natürlichen Neugier eines Babys führt häufig zu »Ich darf nicht«-Gefühlen. Diese Gefühle sind mit Angst vor der Mißbilligung anderer Menschen gepaart.

Babys werden also für Dinge bestraft, die völlig natürlich sind.

Damit meine ich nicht, daß man ein Baby etwas tun lassen soll, was ihm schadet. Man darf es davon abhalten, aber man sollte es nicht auch noch für sein natürliches Verhalten bestrafen. Die beste Methode, ein Baby von einem unerwünschten Verhalten abzuhalten, besteht darin, seine Aufmerksamkeit auf etwas anderes, Interessanteres zu lenken. Das erfordert Zeit, Geduld und Überlegung. Selbst die besten Eltern ermüden irgendwann einmal und verlieren die Geduld. Deshalb wurden wir alle als Babys bis zu einem gewissen Grad in unserem natürlichen, ungehemmten Verhalten eingeschränkt – und damit schlich sich in unser Selbstbild die Vorstellung ein: »Ich darf nicht.«

Ablehnung durch die Eltern

Wenn ein Kind von einem Elternteil in irgendeiner Weise abgelehnt wird, leidet darunter zwangsläufig sein Selbstbild.

Ablehnung kann die verschiedensten Formen annehmen, zum Beispiel:

- Bevorzugung anderer Geschwister
- Mangel an Zeit oder Interesse für das Kind
- Mangel an Liebe und Zuwendung
- andere Aktivitäten sind den Eltern wichtiger als das Kind
- Gewalttätigkeit gegenüber dem Kind

Manchmal existiert diese Ablehnung auch nur in der Einbildung des Kindes. In Wirklichkeit spielt es gar keine Rolle, ob man tatsächlich abgelehnt wird oder nicht; wenn man sich abgelehnt fühlt, leidet das eigene Selbstbild darunter. Ein Freund von mir wurde beispielsweise von seinen Eltern in ein Internat geschickt und fühlte sich deshalb von ihnen abgeschoben. Erst 20 Jahre später erfuhr er in einem Gespräch mit den Eltern zufällig den wahren Grund: Er litt an einer Lese-Rechtschreib-Schwäche, und deshalb hatten seine Eltern ihn auf eine Privatschule geschickt, in der Legastheniker besonders gefördert wurden. Denn damals wurden Legastheniker an staatlichen Schulen wie Kinder mit mangelnder Intelligenz behandelt, obwohl sie das gar nicht sind.

Da wurde ihm klar, daß seine Eltern ihn in Wirklichkeit gar nicht abgeschoben, sondern im Gegenteil ein großes Opfer gebracht hatten, um ihm einen guten Start ins Leben zu ermöglichen. Als Kind hatte er das Verhalten seiner Eltern nicht verstanden und falsch interpretiert, und das hatte ihn an seinem eigenen Wert zweifeln lassen. Seine neue Sicht dieses Kindheitserlebnisses ist sehr wichtig für ihn, denn sie hat sein Bild von sich und seinen Eltern entscheidend verändert.

Manchmal wird man natürlich auch wirklich abgelehnt, und es besteht keine Hoffnung, später irgendwann einmal zu erfahren, daß das alles nur ein schreckliches Mißverständnis war. Wenn man einmal Ablehnung erfahren hat, führt das häufig dazu, daß man in seinem späteren Leben ständig Angst davor hat, erneut abgelehnt zu werden.

Falls Sie einmal eine solche Erfahrung gemacht haben sollten, ist es wichtig, sich folgendes klarzumachen: Nur weil Sie in der Vergangenheit irgendwann einmal abgelehnt wurden, dürfen Sie daraus nicht den Schluß ziehen, daß Sie ein wertloser, nicht liebenswerter Mensch sind.

Als kleine Kinder sehen wir in unseren Eltern unfehlbare Götter. Sie sorgen in jeder Hinsicht für uns. Daraus ziehen wir die kindliche Schlußfolgerung, daß es unsere Schuld sein muß, wenn sie uns ablehnen. Unsere Eltern können nicht schlecht sein – also muß der Fehler bei uns liegen. Als Erwachsene erkennen wir natürlich, daß auch unsere Eltern nicht perfekt sind. Vielleicht ist es dann an der Zeit, die Schuld nicht mehr nur bei uns zu suchen, sondern uns selbst und unsere Eltern so zu akzeptieren, wie wir tatsächlich sind.

Genuß als Belohnung

In seinem Streben nach angenehmen Gefühlen lernt ein kleines Kind, sich in seinem Verhalten entsprechend anzupassen. Leider bedienen sich die meisten Eltern bei der Erziehung ihrer Kinder folgender Strategien:

»Wenn du aufs Töpfchen gehst, gibt Mama dir einen Kuß.«
»Wenn du das tust, wird der Papa sehr böse auf dich sein.«

Diese scheinbar harmlosen Sätze enthalten eine versteckte Botschaft: »Du wirst nur dann geliebt und bist nur dann sicher und geborgen, wenn du tust, was Mama und Papa wollen.«

Wenn diese Botschaften dann auch noch mit lieblosem Verhalten gekoppelt sind und die Eltern ihr Kind nicht sehr dazu ermutigen, seine eigene Identität zu erforschen und zu entwickeln, wachsen viele Kinder in dem Glauben auf, sie müßten es allen recht machen: der Mutter, dem Vater, den Geschwistern ... und später auch ihren Lehrern, Chefs und Ehepartnern.

Dahinter steckt nichts anderes als die Angst vor Ablehnung; es führt dazu, daß ein Mensch sich nur noch um die Bedürfnisse der anderen Gedanken macht.

Diese sehr eingeschränkte Lebensweise beruht auf dem Glauben: »Ich werde nur dann geliebt und bin nur dann sicher und geborgen, wenn ich tue, was X, Y oder Z will.«

Wenn Sie nach dieser Überzeugung leben, verwirklichen Sie nur 25 Prozent von dem, was Ihr Leben tatsächlich sein könnte.

Es ist wichtig, zu erkennen, *daß Sie Ihre Überzeugungen ändern können.* Denken Sie doch nur einmal daran, wie viele Ihrer Ansichten und Vorstellungen sich schon verändert haben, seit Sie zwölf Jahre alt waren.

Selbstbewußtsein

Selbstbewußtsein ist das Maß dafür, wie sehr Sie sich selbst schätzen und mögen. Selbstbewußtsein ist situationsabhängig. So kann es zum Beispiel sein, daß Sie zu Hause ein hohes, bei der Arbeit dagegen nur ein gering ausgeprägtes Selbstbewußtsein haben.

Selbstbewußtsein ist etwas Innerliches; man kann es nicht sehen. Aber es hat einen sehr starken Einfluß auf Ihr Verhalten; und Ihr Verhalten ist wie ein Leuchtfeuer: Es sendet Botschaften an alle Menschen aus, denen Sie begegnen. An der Stimme, am Gang und am Gesichtsausdruck eines Menschen können Sie erkennen, ob er glücklich oder traurig, selbstsicher oder nervös ist.

Füllen Sie hierzu bitte die folgende Tabelle aus.

Was ich an mir mag	**Was ich an mir nicht mag**
hohes Selbstwertgefühl	**niedriges Selbstwertgefühl**

Und nun fragen Sie sich: Welche der beiden Spalten ist länger? Welche war leichter zu füllen? Bei Menschen mit Eßproblemen ist die Spalte, die auf ein geringes Selbstwertgefühl schließen läßt, meistens länger als die andere. Nach Beendigung dieses Programms ist es genau umgekehrt: Dann ist die Liste der positiven Eigenschaften bei den meisten Menschen länger.

Affirmationen

Affirmationen können uns helfen, unsere Überzeugungen zu verstehen, zu verändern und unser Selbstbewußtsein zu stärken. Eine Affirmation ist eine mit großem Nachdruck ausgesprochene positive Aussage, von der Sie sich wünschen, daß sie tatsächlich wahr wäre. Sprechen Sie nun einmal laut folgende Affirmationen vor sich hin:

»Ich kann auch geliebt werden und sicher und geborgen sein, wenn ich ich selbst bin.«

»Ich kann alles erreichen, was ich mir vornehme.«

Wie klingt Ihre Stimme bei diesen Affirmationen? Wenn Ihre Stimme leise und unsicher klingt, ist das ein Zeichen dafür, daß Sie im Augenblick noch nicht an die Wahrheit dieser Aussagen glauben. Die Macht der Affirmationen beruht auf folgendem Prinzip:

Wenn Sie irgend etwas nur laut genug sagen können, werden Sie automatisch anfangen, daran zu glauben.

So wurden Ihnen schließlich auch die falschen, negativen Botschaften eingehämmert.

Wiederholen Sie die Sätze noch einmal – aber diesmal laut und voller Überzeugung.

Machen Sie sich bewußt, was für eine Wirkung der Ton Ihrer Stimme und der Nachdruck hat, mit dem Sie Ihre Affirmationen aussprechen. Wiederholen Sie sie noch einmal mit ziemlich leiser, schwacher Stimme, und sprechen Sie sie dann lauter aus – mit Nachdruck und Begeisterung. Wie klingt Ihre Stimme normalerweise – eher fest und entschlossen oder eher schwach? Machen Sie sich klar, wie wichtig Ihr Tonfall ist, und üben Sie, mit fester, selbstbewußter Stimme zu sprechen.

»Ich kann auch geliebt werden und sicher und geborgen sein, wenn ich ich selbst bin.«

»Ich kann alles erreichen, was ich mir vornehme.«

Ihr Selbstbild

Ihr Selbstbild ist die Art und Weise, wie Sie sich sehen – das schließt auch Ihren Körper und Ihren Charakter mit ein.

Der Grad Ihres Selbstbewußtseins hängt davon ab, wie sehr Sie das, was Sie da sehen, mögen und schätzen. Daraus folgt:

Wenn Sie Ihr Selbstbild verbessern, steigt automatisch auch Ihr Selbstbewußtsein.

Unser Selbstbild ist im Grunde genommen nichts anderes als die vorgefaßte Meinung, die wir von uns selber haben. Solche vorgefaßten Meinungen haben einen ungeheuer starken Einfluß. Damit kann man alles in bestimmte Schubladen einordnen.

Sie müssen sich gegen die »Schubladen« wehren, in die andere Menschen Sie zu zwängen versuchen. Der erste Schritt dazu ist, keine vorgefaßten Meinungen über sich selbst zu haben.

Wenn Sie zum Beispiel jemand fragt, was Sie beruflich tun, antworten Sie nicht nur mit einer knappen Berufsbezeichnung. Wenn die betreffende Person Interesse an Ihnen zeigt, erklären Sie ihr, was für Aufgaben und Fähigkeiten Sie haben.

Wenn Sie sich normalerweise einfach nur als »Hausfrau« bezeichnen, könnten Sie statt dessen beispielsweise sagen:

»Ich trug die Verantwortung für das physische und psychische Wohlbefinden zweier Kinder in den Jahren, die ihre spätere Entwicklung am entscheidendsten geprägt haben.«

»Jetzt, wo sie älter sind, berate ich sie, wenn sie Probleme im Beruf oder mit ihren Beziehungen haben. Sogar ihre Freunde fragen mich um Rat.«

»Ich verwalte das Haushaltsbudget und achte darauf, daß alle Rechnungen bezahlt werden und daß wir dann immer noch genügend Ersparnisse für wichtige Anschaffungen haben – und das alles ohne Computer!«

Natürlich erwarte ich nicht von Ihnen, daß Sie das alles tatsächlich sagen – aber Sie sollten dieses positive Bild von sich im Kopf haben. Schließlich ist eine Hausfrau nichts anderes als eine Managerin. Die im Geschäftsleben üblichen Begriffe (Zeitmanagement, Planung, Delegieren, Entscheidungsfindung, Team-Motivation etc.) mögen zwar sehr imposant klingen, aber eine sogenannte »Hausfrau« tut ständig nichts anderes als das. Sie besitzt nur nicht die dazugehörigen Statussymbole.

Denken Sie nur einmal daran, was für einen Eindruck es in einem Bewerbungsgespräch machen würde, wenn Sie nicht sagen würden: »In den letzten sieben Jahren war ich zu Hause und habe die Kinder großgezogen«, sondern statt dessen berichten würden, was Sie in diesen sieben Jahren alles geleistet haben und was für Fähigkeiten dazu notwendig waren. Eine meiner Klientinnen wurde drei Wochen, nachdem sie mit meinem Programm begonnen hatte, befördert und bekam eine Gehaltserhöhung, weil ihrem Chef auffiel, wieviel mehr Selbstvertrauen sie plötzlich hatte und wie gut sie mit Menschen umgehen konnte. Sie nahm auch ab, ohne etwas Besonderes dafür tun zu müssen.

Schreiben Sie auf der nächsten Seite Ihre Fähigkeiten, Aufgaben und Leistungen während Ihres ganzen bisherigen Lebens nieder. Viele Menschen schätzen ihre Leistungen geringer ein, als sie tatsächlich sind; aber denken Sie nur einmal daran, daß alles, was Ihnen jetzt leichtfällt und selbstverständlich vorkommt, irgendwann einmal gelernt werden mußte – sei es das Kochen, der Umgang mit einem Textverarbeitungsprogramm, das Autofahren usw.

Bescheidenheit ist eine Tugend; aber sich selbst und seine Leistungen und Fähigkeiten herabzusetzen ist keine. Also singen Sie ruhig einmal ein Loblied auf sich selbst und füllen den folgenden Fragebogen aus.

Fragebogen zur positiven Selbsteinschätzung

Schreiben Sie aus Ihrem ganzen bisherigen Leben Beispiele auf für:

Ihre Fähigkeiten

Ihre Aufgaben

Ihre Leistungen

Selbstbewußtsein und Durchsetzungsvermögen

Einführung

In Teil 2 meines Programms ging es immer wieder darum, daß die meisten Menschen, die unter Eßproblemen leiden, lernen müssen, sich mehr durchzusetzen. Erinnern Sie sich noch an Daisy Platen, die ihr Übergewicht unbewußt dazu einsetzte, Männer von Annäherungsversuchen abzuschrecken, weil sie von ihnen ernst genommen werden wollte? Als Daisy lernte, den Mund aufzumachen und das gleiche mit Worten statt mit überzähligen Pfunden zu erreichen, hatte sie ihr Problem gelöst.

In diesem Abschnitt des Programms werden Sie entdecken, daß Sie jede Menge neuer positiver Gefühle genießen und schmerzliche Empfindungen von vornherein im Keim ersticken können, wenn Sie lernen, sich durchzusetzen.

Das wird auch Ihrem Selbstbewußtsein und Selbstvertrauen in fast allen Lebensbereichen einen enormen Auftrieb geben.

Das Wort »Durchsetzungsvermögen« bezeichnet ein ganz bestimmtes Verhalten, mit dem Sie Ihre Wünsche, Bedürfnisse und Gefühle anderen Menschen gegenüber deutlich und selbstbewußt zum Ausdruck bringen und gleichzeitig die Wünsche, Bedürfnisse und Gefühle Ihrer Mitmenschen respektieren.

Dabei geht es also um Ihr Verhalten – ein äußeres Anzeichen von Selbstbewußtsein.

Drei verschiedene Verhaltensweisen

Es wird Ihnen weiterhelfen, sich einmal mit drei verschiedenen Verhaltensweisen zu beschäftigen: passiv, selbstbewußt und aggressiv. Zunächst ein paar nichtverbale Kennzeichen, an denen Sie diese Verhaltensweisen erkennen können:

Passiv
- schlurfender Gang
- weinerliche Stimme
- niedergeschlagene Augen

Selbstbewußt
- aufrechte, entspannte Haltung
- ruhige, beherrschte Stimme
- guter Blickkontakt zum Gesprächspartner

Aggressiv
- mit dem Finger auf andere zeigen
- schreien
- anderen wütend in die Augen starren

Das sind zwar nur kurze Beschreibungen, aber wahrscheinlich erkennen Sie darin trotzdem bestimmte Menschen in Ihrem Bekanntenkreis wieder, die sich einem dieser Muster entsprechend verhalten. Hier ein paar Worte und Redewendungen, die zu den obigen nichtverbalen Verhaltensweisen passen:

Passiv
- Es tut mir leid …
- Würde es Ihnen etwas ausmachen, wenn …
- Sie müssen selbst entscheiden, ob …
- Na ja, vielleicht könnte ich …
- Das kann ich nicht …

Selbstbewußt
- Ich hätte Lust zu …
- Was halten Sie davon .. ?
- Lassen Sie uns darüber reden …
- Ich würde gerne …

- Ich finde es gut, daß ...
- Nein, ich möchte nicht ...

Aggressiv
- Sie blöde(r) ...
- Wenn Sie nicht ...
- Sie müssen ...
- Versuchen Sie es doch einfach ...!
- Sie haben schon wieder ...
- Ach, scheren Sie sich zum Teufel!

Welche dieser drei Beschreibungen trifft am ehesten auf Sie zu?

Den meisten meiner Klientinnen mit Gewichtsproblemen fiel auf, daß sie sich häufig passiv verhalten. Deshalb wollen wir uns nun einmal darauf konzentrieren, die Hintergründe solchen passiven Verhaltens zu verstehen, ehe wir lernen, selbstbewußt aufzutreten und uns durchzusetzen.

Die Ursachen für passives Verhalten

Auf einige Ursachen passiven Verhaltens, die mit geringem Selbstbewußtsein zu tun haben, bin ich bereits eingegangen und will sie daher hier nur noch einmal kurz zusammenfassen:

1. Das »Ich darf nicht«-Gefühl und die schon im Babyalter unterdrückte Spontaneität
2. Die Prägung durch ein passives, unterwürfiges Frauenbild und -verhalten
3. Der Glaube, nur akzeptiert zu werden, wenn man sich anpaßt
4. Die Angst davor, etwas Neues auszuprobieren
5. Die Angst vor Ablehnung
6. Das Bedürfnis nach Anerkennung

Da die Prägung in unserer Kindheit und Jugend – vor allem durch unsere Eltern – eine so wichtige Rolle spielt, ist ihr die nächste Übung gewidmet:

Übung:
Ich möchte nun, daß Sie sich selbst ein paar Fragen beantworten. Ich habe als Bezugspersonen Mutter und Vater in die Tabelle eingesetzt, weil dies die häufigste Konstellation ist. Wenn Sie von Onkel und Tante oder anderen Menschen großgezogen wurden, ändern Sie die Tabellenüberschrift einfach entsprechend ab.

Antworten Sie bitte entweder mit i (immer), m (manchmal) oder n (nie).

	Mutter	**Vater**
Konnten Sie Vertrauen zu Ihren Eltern haben?		
Haben Ihre Eltern Sie ermutigt und gelobt?		
Konnten Sie Ihre Gefühle offen zeigen?		
Haben Ihre Eltern Ihnen klargemacht, daß sie Sie als den Menschen liebten, der Sie waren, und nicht wegen Ihrer Leistungen?		
Haben Ihre Eltern Ihnen gezeigt, daß sie Ihnen zutrauten, Ihre eigenen Entscheidungen zu treffen, als Sie größer wurden?		

Wenn Sie in allen fünf Kästchen mit »i« antworten konnten, haben Sie wirklich großes Glück gehabt. Aber das können nur die wenigsten. Wenn Sie ziemlich oft mit »manchmal« und »nie« antworten mußten, dann können Sie Ihr Verhalten jetzt vielleicht besser verstehen. Wir alle haben bestimmte Strategien erlernt, um mit den Umständen zurechtzukommen, in die wir hineingeboren wurden.

Obwohl die Eltern den stärksten Einfluß im Leben der meisten Menschen darstellen, beeinflussen uns auch unsere Geschwister und unsere Lehrer, Kirche, Schule und Fernsehen. Manche dieser Einflüsse helfen uns, zu geistig unabhängigen, selbstbewußten Menschen zu werden, andere engen uns ein und machen uns passiv oder vielleicht auch aggressiv, wenn sich zuviel Zorn in uns angestaut hat.

Schreiben Sie doch einmal eine kleine Geschichte über die Einflüsse, denen Sie in Ihrer Kindheit ausgesetzt waren. Schreiben Sie die Geschichte nicht in der Ich-Person, sondern in der dritten Person (z. B.: Es war einmal ein kleines Mädchen, das hatte drei Brüder ...). Das hilft Ihnen, Ihr neues Ich von Ihrem alten, durch diese Einflüsse geprägten Ich, zu trennen.

Dominante Personen

Gibt es in Ihrer Geschichte irgendeine dominante Person (DP) – einen Menschen, vor dem Sie Angst hatten oder der Sie einschüchterte, dem Sie nie zu widersprechen wagten oder der in Auseinandersetzungen immer als Sieger hervorging?

Eine DP kann streng sein und Regeln aufstellen, die Sie nicht übertreten dürfen, sonst droht eine schwere Bestrafung oder zumindest die Mißbilligung dieser Person. Manche DP bedienen sich auch einer anderen Strategie: Sie jagen ihren Mitmenschen Schuldgefühle ein, damit sie das tun, was sie wollen. Gibt es in Ihrem Leben zur Zeit eine DP? Wenn ja: Fühlen Sie sich ihr unterlegen?

Eine DP kann ihr Kind sehr lieben und glaubt vielleicht sogar, im besten Interesse ihres Kindes zu handeln. Nur leider sieht das Kind das oft nicht ein ... Wenn wir in eine schwierige Situation geraten, gibt es zwei mögliche instinktive Reaktionen: Flucht oder Angriff. Die beiden »Reflexreaktionen« auf eine DP bestehen also darin, entweder aggressiv zu werden oder ihr aus dem Weg zu gehen, um einen Konflikt zu vermeiden. Für eine Frau ist nach den ungeschriebenen Gesetzen unserer Gesellschaft eher die zweite Strategie angemessen – also passives Verhalten. Versuchen Sie Konflikte zu vermeiden, wann immer es geht?

Wir können über diese beiden Instinktreaktionen hinauswachsen und lernen, zu diskutieren, zu verhandeln und uns mit anderen auseinanderzusetzen. Das ist selbstbewußtes Verhalten.

Da ein solches Verhalten für viele Menschen keine automatische Reaktion ist, muß man es zunächst verstehen und üben wie jede neue Fähigkeit. Das ist so ähnlich wie das Erlernen einer neuen Sprache.

Ehe Sie mehr über Selbstbewußtsein und Durchsetzungsvermögen lernen, ist es wichtig für Sie, einzusehen, daß passives Verhalten nicht gut für Sie ist.

Übertrieben fürsorgliche Personen (ÜP)

Das genaue Gegenteil dominanter Personen sind überfürsorgliche Menschen. Man erkennt sie daran, wie sie alle Menschen verwöhnen und verhätscheln – vor allem ihre Kinder. Ständig machen sie sich Sorgen darüber, daß ihre Kinder in emotionaler oder physischer Hinsicht verletzt werden könnten. Wenn ihr Kind sich auf dem Heimweg zehn Minuten verspätet, geraten sie sofort in Panik und würden am liebsten gleich die Polizei anrufen.

Sie möchten alles für ihre Kinder tun, und es fällt ihnen schwer, zu akzeptieren, daß die Kinder irgendwann erwachsen und unabhängig werden. Gibt es in Ihrer Geschichte eine ÜP?

Übertriebene Fürsorglichkeit von seiten der Eltern kann gravierende Auswirkungen auf die Kinder haben:

1. Oft trauen solche Kinder sich nichts zu, weil ihre Eltern ihnen niemals erlauben, irgend etwas Schwieriges zu tun – sie könnten dabei ja versagen oder sich weh tun.
2. Bei allem, was sie tun, ist eine besorgte Mutter oder ein besorgter Vater in der Nähe – das macht die Kinder ängstlich und nervös.
3. Sie werden so sehr vor den Tiefschlägen des Lebens behütet, daß sie sie um so mehr fürchten. Oft versuchen sie als Erwachsene dann jeden Konflikt zu vermeiden.

So wachsen Kinder mit geringem Selbstbewußtsein auf.

Passives Verhalten: Fallbeispiel 1

Einer der häufigsten Gründe, warum Menschen sich passiv verhalten, besteht darin, daß sie ihre Mitmenschen nicht verletzen wollen. Hier ein Beispiel:

Sue ist 25 Jahre alt und ziemlich passiv in ihrem Verhalten. Sues beste Freundin Jane wollte heiraten und hatte einen Nähkurs besucht, um sich ihr Hochzeitskleid selbst nähen zu können. Nach wochenlanger Arbeit war das Kleid endlich fertig, und Jane war ganz außer sich vor Stolz und Begeisterung, als sie bei Sue vorbeikam, um ihr das Kleid zu zeigen.

Als Jane das Kleid anzog, sah Sue sofort, daß der Saum hinten nicht gerade war. Doch als Jane sie um ihr Urteil bat, sagte sie: »Es ist phantastisch. Du siehst wunderbar darin aus.«

Sue wollte Jane nicht verletzen.

Drei Stunden vor der Hochzeit kam Janes Mutter von weit her, und natürlich wollte sie, daß ihre Tochter ihr das Kleid vorführte. »Hat dieses Kleid schon einmal jemand von hinten gesehen ...?« fragte sie.

Da wurde Jane sehr wütend. »Warum hat Sue mir denn nichts gesagt? Sie muß es doch gesehen haben. Dann hätte ich noch Zeit gehabt, den Saum zu ändern.«

Als Jane Sue deswegen Vorwürfe machte, entschuldigte Sue sich tausendmal und hatte ein furchtbar schlechtes Gewissen. In diesem Beispiel war Sue nicht ehrlich zu Jane gewesen, weil sie sie nicht verletzen wollte. Doch am Ende beschwor sie damit noch viel größeren Kummer herauf – nicht nur für Jane, sondern auch für sich selbst. Glauben Sie, daß Jane Sue noch einmal um ihre Meinung fragen würde? Was glauben Sie, wie dieses Erlebnis sich auf Sues Selbstbewußtsein ausgewirkt hat?

Passives Verhalten: Fallbeispiel 2

Ein weiteres Beispiel für passives Verhalten ist Judys sexuelle Beziehung zu ihrem Mann Peter.

Alle früheren Freundinnen von Peter hatten es gern gemocht, wenn er an ihrem Ohrläppchen knabberte. Als er dann vor zwei Jahren Judy kennenlernte, knabberte er auch an ihrem Ohr. Sie mochte das überhaupt nicht – aber sie sagte nichts. Sie tat sogar, als gefalle es ihr. Das ging nun schon seit zwei Jahren so, und manchmal ging Judy deshalb sogar den Zärtlichkeiten ihres Mannes aus dem Weg.

Eines Tages kam es aus ganz banalem Anlaß zu einem Ehekrach, und mittendrin schrie Judy plötzlich: »Du weißt ja nicht mal, was mich sexuell erregt! Ich hasse es, wie du immer an meinen Ohren herumkaust!«

Peter war völlig fassungslos, und es dauerte eine Weile, bis er wieder Worte fand: »Warum hast du mir das denn nicht gesagt? Ich dachte, dir gefällt das.«

Als sie dann darüber sprachen, war Peter sehr verständnisvoll und gerne bereit, an anderen Stellen seiner Frau herumzuknabbern. Judy hatte ihm nun gesagt, was für sexuelle Wünsche sie hatte. Ihre passive Haltung in dieser Hinsicht hatte sie zwei unzufriedene Jahre gekostet.

Sagen Sie Ihrem Partner, was Sie gern mögen und wie Sie behandelt werden möchten?

Passivität bedeutet, anderen nicht zu sagen, was man mag oder sich wünscht. Aber Sie können nicht erwarten, daß jeder Mensch telepathische Fähigkeiten hat!

Angst

Ein Faktor, der bei passivem Verhalten häufig eine Rolle spielt, ist Angst: Angst, was die anderen Leute von einem denken könnten, Angst, seine Mitmenschen zu verletzen, Angst, sich lächerlich zu machen, Angst vor Konflikten und Angst vor Zurückweisung.

Begreifen Sie jetzt, daß diese Ängste auf erlernte falsche Verhaltensmuster in der Kindheit und auf ein zu geringes Selbstbewußtsein zurückzuführen sind?

Sie können diese Ängste ausschalten, wenn Sie akzeptieren, daß sie falsch sind.

Jetzt ist es Zeit für folgende Affirmation:

»Ich kann auch geliebt werden und sicher und geborgen sein, wenn ich ich selbst bin.«

Sprechen Sie diesen Satz laut vor sich hin. Verkünden Sie sich und der Welt diese neue Botschaft.

Schuldgefühle

Schuldgefühle sind die stärksten Mächte im Leben vieler Menschen. Passive Menschen leiden besonders häufig darunter. Aber was sind Schuldgefühle eigentlich? Sie sind eine Selbstbestrafung, weil man glaubt, etwas falsch gemacht zu haben. Wenn Sie eine Diät durchführen und dann etwas »Verbotenes« essen, haben Sie vielleicht ein schlechtes Gewissen, weil Sie etwas »falsch« gemacht haben. Sie haben Ihre Diätregeln gebrochen.

Der Schlüssel zum Verständnis von Schuldgefühlen besteht also darin, zu erkennen, nach welchen Regeln Sie leben. Viele Mütter leben zum Beispiel nach dem ungeschriebenen Gesetz: »Ich sollte meine Bedürfnisse immer hinter denen meiner Familie zurückstellen.«

Wenn sie jemals daran denken, etwas für sich selbst zu tun oder zu kaufen, haben sie ein schlechtes Gewissen, weil das einer Verletzung der Regel gleichkommt.

Ihnen ist hoffentlich klar, daß all diese Regeln etwas mit Selbstbewußtsein zu tun haben. Sobald Ihr Selbstbewußtsein steigt und Sie anfangen, auf Ihre Rechte zu pochen, ändern sich Ihre Regeln, und dann werden Sie nicht mehr so oft das Gefühl haben, etwas falsch gemacht zu haben. Dann werden Sie beginnen, nach Ihren eigenen Gesetzen zu leben und nicht nach Regeln, die Ihnen von außen aufgezwungen worden sind. Dann müssen Sie sich nicht mehr so oft selbst bestrafen – und das bedeutet, daß Sie nicht mehr so häufig ein schlechtes Gewissen haben.

Schuldgefühle wegen früherer Ereignisse

Ihre Regeln beinhalten Ihren Moralkodex, der Ihre persönliche Grenze zwischen gutem und bösem Verhalten definiert. Bei vielen meiner Klientinnen reichten die Schuldgefühle weit in die Vergangenheit zurück. Bei manchen war früher in ihrem Leben einmal etwas passiert, was eine so schwere Verletzung einer wichtigen Regel darstellte, daß sie immer noch ein schlechtes Gewissen deswegen hatten.

Zu diesen Ereignissen, die langjährige Schuldgefühle auslösten, gehörten:

- eine Abtreibung
- beim Tod eines Elternteils nicht dagewesen zu sein
- einen Fußgänger überfahren zu haben
- ein Pferd vom Tierarzt einschläfern zu lassen
- eine inzestuöse Beziehung
- der Verlust des Glaubens an Gott

Wenn Sie immer noch Schuldgefühle wegen eines Ereignisses haben, das lange Zeit zurückliegt, denken Sie bitte einmal gründlich darüber nach, ob Sie sich jetzt nicht schon lange genug deswegen bestraft haben. Selbst Verbrecher werden wieder freigelassen, nachdem sie ihre Strafe abgesessen haben. Ist Ihre selbstauferlegte Strafe dem »Verbrechen« wirklich angemessen? Können Sie sich nicht verzeihen, so wie Sie auch anderen Menschen verzeihen würden?

Wenn Sie sich gern von einer langjährigen Schuld befreien möchten, dann tun Sie es jetzt. Bestätigen Sie, daß Sie aus Ihren Fehlern gelernt haben und sich jetzt verzeihen:

Ich verzeihe mir, daß ich ______________________________

Ich verzeihe mir, daß ich ______________________________

Zorn

Viele passive Menschen zeigen anderen so gut wie nie ihren Zorn. Sie haben Angst davor und versuchen es unter allen Umständen zu vermeiden.

In einer idealen Welt gäbe es keinen Grund, wütend zu werden. Doch in bestimmten Situationen kann Zorn uns wertvolle Dienste leisten. Damit geben Sie anderen Menschen zu verstehen, daß sie Ihre Rechte oder Grenzen ernsthaft verletzen. Ein solcher Wutanfall sollte zwar erst der letzte Ausweg sein, nachdem alle anderen Verhaltensweisen, mit denen Sie sich durchzusetzen versuchten, ignoriert worden sind; aber dann haben Sie durchaus ein Recht dazu.

Manche Menschen versuchen Sie herabzusetzen und hören erst damit auf, wenn Sie zornig werden. Dann begreifen sie, daß sie zu weit gegangen sind.

Wenn ein selbstbewußter Mensch auf jemanden wütend wird, lehnt er die betreffende Person damit nicht ab, sondern gibt ihr lediglich zu verstehen, daß das, was sie gerade tut, ihn sehr verärgert. Selbstbewußte Menschen können einer anderen Person gegenüber zornig reagieren und sie dennoch lieben. Selbstbewußte Menschen, die berechtigten Zorn zum Ausdruck bringen, vergeben dem anderen sein Fehlverhalten rasch wieder.

Mit aggressivem Verhalten bedroht man einen Menschen; durch zorniges Verhalten zeigt man ihm seine Gefühle.

Man bringt seinen Zorn am besten gleich in dem Augenblick zum Ausdruck, in dem man ihn empfindet. Denn wenn man ihn in sich hineinfrißt, kann er leicht zu Bitterkeit oder Aggression werden, in beißenden Sarkasmus oder üble Nachrede ausarten. Oder

Ihre Bitterkeit wendet sich nach innen, und dieser Streß schadet Ihrem psychischen und physischen Wohlbefinden.

Der erste Schritt besteht darin, dem anderen Ihren Zorn tatsächlich zu zeigen. Das ist gut für Sie und für die Menschen in Ihrer Umgebung, denn ein Zornausbruch ist besser als die Auswirkungen unterdrückten Zorns. Sobald Sie akzeptieren, daß ein Wutausbruch anderen Menschen viel weniger weh tut als lange angestaute Bitterkeit, werden Sie keine Angst mehr haben, Ihren Zorn zu zeigen.

Übung:
Umgang mit Zorn

Wenn die Vorstellung, anderen Ihren Zorn zu zeigen, Ihnen große Probleme bereitet, reagieren Sie Ihre Wut doch erst einmal ganz für sich allein ab. Nehmen Sie ein Kissen, und schreien Sie es an, schlagen Sie mit den Fäusten darauf ein. Lassen Sie Ihre ganze unterdrückte Wut an dem Kissen aus. Befreien Sie sich von dem Druck, der sich in Ihnen angestaut hat. Stellen Sie eine Liste der Menschen, Situationen oder Ereignisse auf, die Sie früher wütend gemacht haben. Dann schreiben Sie alles auf, was Sie jetzt zur Zeit in Rage bringt (und legen Sie das Kissen bereit):

Folgendes hat mich früher wütend gemacht:

____

____

____

____

____

____

Folgendes macht mich jetzt wütend:

Ein großer Teil Ihres Zorns richtet sich gegen Sie selbst. Passives Verhalten macht uns häufig wütend auf uns selbst – wir fragen uns dann: »Warum habe ich nicht a, b oder c gesagt? Warum habe ich nicht x, y oder z getan?« Sobald Sie sich weniger passiv verhalten, werden Sie auch weniger gegen sich selbst gerichtete Wut und Frustration empfinden.

Wie sich Ihr passives Verhalten auf Sie auswirken kann

Kurzfristige Auswirkungen (was dieses Verhalten Ihnen bringt):

- Sie empfinden weniger Angst, weil Sie einem möglichen Konflikt aus dem Weg gegangen sind
- Sie vermeiden die Schuldgefühle, die Sie gehabt hätten, wenn Sie jemandem eine Bitte abgeschlagen hätten
- Sie können sich selber leid tun: »Immer bürdet man mir die ganze Arbeit auf«
- Sie können stolz auf sich sein: »Ich lade mir so viel Arbeit auf – ohne mich würde alles zusammenbrechen«
- Ihre Mitmenschen loben Sie, weil Sie immer so viel für andere tun

Doch langfristig machen Sie die Erfahrung, daß:

- Ihr Selbstbewußtsein immer mehr sinkt
- unterdrückte negative Gefühle (Wut, Frustration, Gekränktsein, Selbstmitleid) sich immer stärker in Ihnen anstauen
- Sie unter innerer Anspannung, Streß und Ängsten leiden
- Sie schwierigen Situationen und Entscheidungen stets aus dem Weg gehen
- Sie psychosomatische Beschwerden und Erkrankungen wie beispielsweise Kopf- oder Rückenschmerzen entwickeln

Wie sich Ihr passives Verhalten auf andere auswirken kann

Die Ironie passiven Verhaltens besteht darin, daß man nur selten geschätzt und respektiert wird, wenn man sich zu sehr bemüht, es immer allen Menschen recht zu machen. Wenn Sie keinen Respekt vor sich selbst haben, werden auch andere Sie nur selten respektieren. Ihr passives Verhalten kann folgende Auswirkungen auf Ihre Mitmenschen haben:

- Anfangs haben die anderen Mitleid mit Ihnen
- Sie haben entweder Gewissensbisse, weil sie Sie ausnutzen, oder es ist ihnen gleichgültig
- Sie reagieren gereizt (»Um Himmels willen, sag doch, was du willst!«)
- Sie finden Sie langweilig (»Mußt du denn immer einer Meinung mit mir sein?«)
- Sie haben keinen Respekt mehr vor Ihnen
- Sie ziehen sich von Ihnen zurück

Inzwischen sollten Sie sich über die Ursachen und Probleme passiven Verhaltens im klaren sein. Wenn Sie meinen, daß Ihre Eßprobleme zumindest teilweise auf langjähriges passives Verhalten zurückzuführen sind, sollten Sie jetzt sehr motiviert dazu sein, etwas dagegen zu tun.

Wie man sich durchsetzt

Um uns durchsetzen zu können, müssen wir:

- entscheiden, was wir wollen
- uns darüber klarwerden, ob das, was wir wollen, auch fair ist
- klar und deutlich darum bitten
- keine Angst vor Risiken haben
- ruhig und entspannt sein
- unsere Gefühle offen zum Ausdruck bringen
- anderen Komplimente machen und auch problemlos Komplimente annehmen können
- faire Kritik üben und akzeptieren können

Wir sollten nicht:

- unsere Gefühle in uns hineinfressen
- um den heißen Brei herumreden

Was Ihre Eßprobleme betrifft, bedeutet Durchsetzungsvermögen nichts anderes, als die Macht zurückzugewinnen, die Sie dem Essen oder Ihrem Übergewicht überantwortet haben.

Ihre Rechte

Ein selbstbewußter Mensch ist sich darüber im klaren, daß er gewisse Grundrechte hat, die jedem zustehen. Diese Rechte sind von

Mensch zu Mensch verschieden und hängen von seinen individuellen Präferenzen, seiner Religion, seinem kulturellen Hintergrund und seinen Anschauungen ab. Die folgende Liste beinhaltet einige Rechte, über die sich die meisten Menschen einig sind:

1. unsere eigenen Ansichten und Gefühle haben und sie auch angemessen zum Ausdruck bringen zu dürfen
2. um Dinge zu bitten, die wir uns wünschen (und zu wissen, daß unsere Bitte auch abgelehnt werden kann)
3. zu entscheiden, ob wir mit den Problemen eines anderen Menschen etwas zu tun haben möchten oder nicht
4. von den anderen als gleichberechtigt behandelt zu werden – unabhängig von unserem Alter, unserer Rasse, unserem Geschlecht, unserer sozialen Klasse, unserer Religion usw.
5. Bitten, die wir nicht erfüllen möchten, abzuschlagen, ohne deshalb ein schlechtes Gewissen zu haben
6. Fehler zu machen
7. zu sagen, daß wir etwas nicht verstehen, und um mehr Informationen zu bitten
8. unsere Meinung zu ändern
9. für diese Rechte einzutreten und dafür zu sorgen, daß die anderen sie respektieren

Mit diesen Rechten sind aber auch Verantwortungen verbunden: *Ein selbstbewußter Mensch respektiert die Rechte seiner Mitmenschen.*

Ein passiver Mensch tut dies zwar auch, tritt aber nicht für seine eigenen Rechte ein. Ein aggressiver Mensch dagegen besteht auf seinen Rechten, respektiert aber nicht die der anderen.

Selbstbewußtsein und Durchsetzungsvermögen sind nichts anderes als ehrliche Kommunikation und die Fähigkeit, Kompromisse zu schließen, mit denen beide Seiten zufrieden sind.

Ihr Verhalten beeinflußt das Verhalten der anderen

Eine meiner Klientinnen, Margaret, ließ immer sofort alles stehen und liegen, wenn ihr Mann eine Tasse Tee haben wollte. Er kochte sich fast nie Tee; er sagte, sie könne das viel besser als er. Andere Leute warnten Margaret schon vor Jahren, daß ihre »Gutmütigkeit« ausgenutzt werde. Als sie lernte, was Selbstbewußtsein und Durchsetzungsvermögen bedeuten, wurde ihr klar, daß das, was die anderen als ihre Gutmütigkeit bezeichneten, manchmal nur eine lächelnde Fassade war und daß sie sich insgeheim doch darüber ärgerte, wenn ihre Freundlichkeit als selbstverständlich hingenommen wurde. Durch Essen konnte sie diese Gefühle manchmal unterdrücken. Margaret beschloß, etwas zu ändern.

Wenn sie wirklich beschäftigt war, sagte sie zu ihrem Mann: »Ich stecke gerade mitten in einer Arbeit – könntest du den Teekessel selbst aufsetzen?«

Anfangs reagierte ihr Mann ziemlich beleidigt und sagte, er habe keine Lust dazu – so wichtig sei ihm der Tee nun auch wieder nicht. Daraufhin bekam Margaret ein schlechtes Gewissen und wäre beinahe doch noch aufgesprungen, um ihm den Tee zu kochen. Doch dann erinnerte sie sich an unser Gespräch, in dem ich ihr erklärt hatte, daß ihr Mann sich vielleicht gegen ihr verändertes Verhalten wehren würde. Sein Schmollen war ein Versuch, ihr Schuldgefühle einzujagen, damit sie wieder zu ihrem gewohnten passiven Verhalten zurückkehrte.

Wenn die anderen mit Ihrem Verhalten bisher gut gefahren sind (das heißt, wenn Sie stets mehr getan haben, als Sie eigentlich müßten), werden sie sich wahrscheinlich gegen Ihr verändertes Verhalten wehren.

Ein Mensch, der im Grunde seines Wesens nicht egoistisch ist, wird keinen großen Widerstand leisten. Vielleicht hat er sogar ein schlechtes Gewissen, weil er Sie ausgenutzt hat. Doch dominante Personen werden sich vielleicht sehr heftig gegen Ihr neues selbstbewußtes Auftreten wehren.

Aber früher oder später wird Ihr neues Verhalten dazu führen, daß auch diese Leute ihr Verhalten ändern – und außerdem gewinnen Sie auf diese Weise auch ihren Respekt.

Um sich erfolgreich durchsetzen zu können, braucht man Entschlossenheit und mehr Selbstbewußtsein. Mein Zehn-Wochen-Aktionsplan wird Ihnen zum Erfolg verhelfen.

Um Margarets Geschichte zu Ende zu erzählen: Sie vertraute auf meinen Rat und ließ sich nicht erweichen. Nachdem ihr Mann zwei Tage lang ziemlich beleidigt gewesen war, fragte er sie am dritten Tag wirklich und wahrhaftig, ob er ihr eine Tasse Tee kochen solle! Und was vielleicht noch wichtiger war: Die beiden begannen darüber zu diskutieren, daß er es als selbstverständlich betrachtet hatte, daß seine Frau immer für ihn da war. So entstand eine echte Kommunikation zwischen ihnen. Die Ursache für Margarets übermäßiges Essen war nämlich ihr unterdrückter Zorn darüber gewesen, daß ihr Mann sie als selbstverständlichen Teil seines Lebens betrachtet hatte.

Da passive Menschen am liebsten jedem Konflikt aus dem Weg gehen möchten, behalten sie ihren Unmut so lange für sich, bis dieser sich immer mehr anstaut. Hin und wieder explodieren sie dann vielleicht, was ihnen wiederum Angst und Gewissensbisse einflößt, so daß sie sich hinterher tausendmal für ihr Verhalten entschuldigen. Das verstärkt ihre Angst davor, ihren Gefühlen freien Lauf zu lassen – und schon ist ein verhängnisvoller Teufelskreis in Gang gekommen.

Oder sie verbergen ihre unterdrückten Gefühle so tief in ihrem Inneren, daß die schwelende Wunde sie innerlich auffrißt. Das führt häufig zu körperlichen Erkrankungen. Oft versuchen sie diese schmerzlichen Gefühle dann durch Essen zu betäuben; oder sie essen zuviel, um sich hinter ihren Fettmassen verstecken zu können.

Und dabei existiert der Konflikt, den passive Menschen um jeden Preis zu vermeiden versuchen, meist nur in ihrer Phantasie. Das liegt daran, daß sie normalerweise nur zwei Möglichkeiten sehen: passives oder aggressives Verhalten. Aggressivität macht ihnen angst oder ist ihnen völlig fremd; daher besteht die einzig mögliche Alternative darin, sich passiv zu verhalten. Die Realität solcher Menschen wird von der Vorstellung geprägt, daß es nur zwei Möglichkeiten gibt: den Mund zu halten oder zu brüllen.

Sobald sie diese Vorstellung ändern, indem sie selbstbewußter auftreten, verschwindet der Konflikt, der ohnehin nur in ihrer Phantasie vorhanden war, häufig von selbst.

Warum es gut für Ihre Kinder ist, wenn Sie ihnen gegenüber bestimmt auftreten

Wir wollen noch einmal zu Margarets Fall zurückkehren. Sie stellte fest, daß ihre Kinder sie plötzlich respektierten und auf sie hörten, als sie lernte, sich ihnen gegenüber durchzusetzen. Vorher hatten sie ihre Mutter um den Finger gewickelt. Und wenn Margaret doch einmal böse auf ihre Kinder gewesen war, hatte schon eine kleine Träne ihrer Tochter genügt, um ihr furchtbare Gewissensbisse einzujagen. Dann entschuldigte sie sich und schenkte ihren Kindern Süßigkeiten. (Sie können sich denken, was die Kinder dadurch über Manipulation gelernt haben.)

Doch nun wurde Margaret klar, daß sie die Kinder mit ihren Gewissensbissen noch für ihr Schmollen belohnte, mit dem sie sie zu manipulieren versuchten. Jede Woche gaben sie ihr Taschengeld gleich am ersten Tag für Süßigkeiten aus; aber sie wußten ja, daß sie jederzeit mehr Geld von Mami bekommen konnten, wenn sie ihr nur ein schlechtes Gewissen einjagten, indem sie schmollten oder weinten oder wütend wurden. Margaret begriff, daß ihre Kinder sehr unleidliche Zeitgenossen werden würden, wenn sie deren manipulativem Verhalten weiterhin nachgab, und daß ihr Selbstbewußtsein dadurch außerdem immer weiter sank. Also beschloß sie, ein- oder zweimal nein zu sagen. Die Kinder staunten nicht schlecht darüber und ließen nichts unversucht, um ihr Gewissensbisse einzujagen. Anfangs hatte Margaret insgeheim tatsächlich ein schlechtes Gewissen; aber sie wußte, daß sie es ihren Kindern nicht zeigen durfte. Das war nicht leicht für sie; aber sie hatte nun begriffen, warum es so wichtig ist, konsequent zu bleiben.

Inzwischen liebt Margaret ihre Kinder immer noch genauso sehr wie eh und je; aber sie verhätschelt sie nicht mehr. Ihr ist klargeworden, daß sie ihnen mit ihrer übertrieben fürsorglichen Art ein zu einseitiges Bild des Lebens vermittelt hatte: Mami würde schon allen Schmerz von ihnen fernhalten und sie nicht selbst aus ihren Fehlern lernen lassen. Sobald sie dann mit der realen Welt konfrontiert würden, wäre die Erkenntnis, daß man nicht immer alles haben kann, was man will, ein großer Schock für sie.

Eine einfache Beschreibung selbstbewußten Verhaltens lautet: »konsequent, aber fair«.

Das ist eigentlich nichts Neues. Man kann einen Menschen lieben und trotzdem nein zu ihm sagen.

Die Schlußfolgerung aus Margarets Geschichte

Mittlerweile ist Margaret ein glücklicherer und selbstbewußterer Mensch. Ihr Mann kann zwar nicht sehr gut über Gefühle sprechen, hat ihr aber inzwischen klargemacht, daß er sie trotz seines Verhaltens liebt, und er schätzt sie nun auch mehr und beteiligt sich mehr an der Hausarbeit, obwohl es einige Wochen gedauert hat, bis er so weit war.

Ihre Kinder tun jetzt normalerweise, was sie will, sobald sie sie das erste Mal darum bittet. Sie schmollen auch nicht mehr, weil sie mit diesem Verhalten nichts mehr erreichen.

Nach ein paar Tagen hatten die Kinder begriffen, daß ihre Mutter sich verändert hatte – also änderten sie sich auch. Inzwischen sind die Familienmitglieder einander viel näher gekommen, weil sie nun tatsächlich miteinander kommunizieren.

Margaret nahm jede Woche zwei bis drei Pfund ab und blieb dann schließlich bei dem Gewicht, mit dem sie sich wohl fühlte. Sie brauchte sich gar nicht darum zu bemühen und keine Diät zu halten – sie ließ einfach die zusätzlichen Mahlzeiten weg, die ihr vorher geholfen hatten, ihren Zorn und ihre Frustration zu betäuben.

Woran merke ich, wenn ich anderen gegenüber nicht bestimmt genug auftrete?

Dafür gibt es eine ganz einfache Faustregel:

Wenn wir anderen Menschen gegenüber bestimmt auftreten, steigt unser Selbstbewußtsein. Wenn wir anderen Menschen gegenüber nicht bestimmt auftreten, sinkt unser Selbstbewußtsein.

Das bedeutet, daß wir zwar das Recht haben, unsere Ansichten und Gefühle zum Ausdruck zu bringen – wir müssen es aber nicht unbedingt tun. Wenn wir unsere Meinung manchmal aus diplomatischen Gründen lieber für uns behalten möchten, ist das völlig in Ordnung. Wenn wir aus guten Gründen den Mund halten, sinkt unser Selbstbewußtsein dadurch nicht. (Im Gegenteil: Es würde sinken, wenn wir unüberlegt mit unserer Meinung herausplatzten, ohne darüber nachzudenken, ob es angebracht ist.) Aber wenn wir nur deshalb schweigen, weil wir Angst haben, ausgelacht oder abgelehnt zu werden, leidet unser Selbstbewußtsein darunter.

Wenn man in einer Situation nicht selbstbewußt genug aufgetreten ist, ärgert man sich hinterher und denkt: »Hätte ich doch nur folgendes gesagt ...«

Empfehlungen für selbstsicheres, bestimmtes Auftreten

- Achten Sie darauf, daß Ihre Körpersprache Ihren Worten entspricht.
  Wenn Sie zum Beispiel sagen: »Das ist sehr nett von Ihnen, aber ich möchte nicht zu einer Tasse Kaffee mit heraufkommen«, sagen Sie es mit fester Stimme, in aufrechter Haltung, und sehen Sie Ihrem Gegenüber dabei in die Augen.

- Seien Sie darauf vorbereitet, nicht immer das zu bekommen, was Sie möchten.
  Selbstbewußtes Auftreten bedeutet, darum zu bitten, was Sie haben möchten. Es kann sein, daß Sie alles, etwas oder gar nichts davon bekommen.
  Aber es ist wahrscheinlicher, etwas zu erhalten, wenn Sie darum bitten, als wenn Sie gar nichts tun. Und selbst wenn Sie nichts bekommen sollten, haben Sie hinterher wenigstens das Gefühl, es versucht zu haben, so daß Ihr Selbstvertrauen nicht darunter leidet.

- Ein Mensch, der bestimmt auftritt, kann sowohl ja als auch nein sagen.
  Wir haben uns in diesem Kapitel darauf konzentriert, wie man es schafft, nein zu sagen, ohne deshalb ein schlechtes Gewissen zu haben. Das bedeutet aber nicht, daß Sie jetzt nicht mehr ja sagen dürfen. Es ist etwas Wunderbares, ja zu sagen, wenn Sie es

wirklich wollen. Und es ist auch sehr anerkennenswert, etwas für andere Menschen zu tun, solange Sie dabei innerlich keine Ressentiments haben.

Vom richtigen Umgang mit Kritik

Die meisten passiven Menschen sind völlig am Boden zerstört, wenn sie mit Kritik konfrontiert werden. Das liegt daran, daß Kritik für sie eine unmittelbare Bedrohung ihres ohnehin schon geringen Selbstbewußtseins darstellt. Wenn Sie bestimmt auftreten und sich durchsetzen, gibt das Ihrem Selbstbewußtsein Auftrieb. Dadurch verändert sich Ihre Reaktion auf Kritik in zweierlei Hinsicht:

1. Bei unfairer Kritik wehren Sie sich und sagen bestimmt und selbstbewußt Ihre Meinung.
2. Berechtigte Kritik akzeptieren Sie und sind sogar dankbar dafür, daß man Ihnen eine Chance gibt, etwas an Ihrem Verhalten oder Ihrer Leistung zu verbessern.

Ein selbstbewußter Mensch gibt zu, wenn er wirklich im Unrecht ist.

Übung:
Wie bereits erwähnt: Je selbstbewußter und bestimmter Sie auftreten, um so wohler werden Sie sich in der betreffenden Situation fühlen. Also bewerten Sie nun einmal mit Punkten von 0 bis 10, wie Sie sich in den nun folgenden Situationen fühlen (0 bedeutet: sehr unwohl; 10 bedeutet: hundertprozentig wohl).

Situation	Einschätzung Ihres Gefühls	Wie wirkt dieses Gefühl sich auf Sie und Ihr Leben aus?
Komplimente bekommen		
Einem anderen erwachsenen Menschen sagen oder zeigen, daß Sie ihn mögen oder lieben		
Um etwas bitten (z. B. um einen Gefallen, Hilfe etc.)		
Einen anderen erwachsenen Menschen liebevoll berühren		
Ein Gespräch mit einem fremden Menschen beginnen		
Ihre Rechte durchsetzen (z. B. in einem Geschäft, einem Nachbarn gegenüber etc.)		
Familienangehörigen, Kollegen oder Freunden eine Bitte abschlagen		
Ihre persönliche Meinung sagen (auch wenn Sie mit jemandem uneinig sind)		
Zorn zum Ausdruck bringen		

Nehmen Sie sich für diese Erstellung Ihres Selbstbewußtseins-Profils viel Zeit, denn es kann die Grundlage für einige wichtige Veränderungen sein, die Sie vornehmen müssen. Vielleicht ist dies das erste Mal, daß Sie so viele verschiedene Arten Ihres Kontakts mit anderen Menschen analysieren.

Während Sie die Tabelle ausfüllen, machen Sie sich klar, daß Sie sich normalerweise immer dann wohl fühlen, wenn Sie eine Situation unter Kontrolle haben.

Wenn Sie Ihr Gefühl in den einzelnen Situationen häufig mit unter fünf Punkten bewerten, bedeutet das, daß Sie in vielen Lebensbereichen Probleme haben. Vielleicht gehen Sie den betreffenden Situationen am liebsten aus dem Weg. Wenn Sie üben, in diesen Bereichen selbstbewußt und bestimmt aufzutreten, wird Ihre Punktzahl sich verbessern, und Sie werden das Gefühl bekommen, Ihr Leben besser unter Kontrolle zu haben.

Übung:
Fallbeispiel-Übungen

Die folgenden Fallbeispiele sollen Ihnen helfen, zu verstehen, was selbstbewußtes Verhalten in verschiedenen Situationen bedeutet. Schreiben Sie nach der Lektüre eines jeden Fallbeispiels auf, wie Sie sich früher in dieser Situation verhalten hätten und wie Sie jetzt – mit Ihrem heutigen Wissen über selbstbewußtes Auftreten – damit umgehen würden. Beschreiben Sie genau, was Sie sagen und tun würden.

Situation 1:

Ihr Zug hat Verspätung, und Sie werden deshalb später nach Hause kommen als erwartet. Ihre Familie wird sich Sorgen machen. Sie haben kein Handy dabei; aber der Fahrgast, der Ihnen gegenübersitzt, hat eines. Was tun Sie?

Als Ihr früheres Ich: ______________________________

Als Ihr neues, selbstbewußtes Ich: ______________________________

Situation 2:
Eine ziemlich dominante Freundin ist zu Besuch gekommen. Sie möchten noch einkaufen gehen, ehe die Geschäfte schließen, und sind nicht sonderlich interessiert an dem, was Ihre Freundin Ihnen erzählt. Aber sie scheint nicht ans Gehen zu denken, und wenn Sie das Gespräch jetzt nicht beenden, sind die Läden geschlossen, und Sie können nichts mehr einkaufen. Was sagen und tun Sie?

Als Ihr früheres Ich: ______________________________

Als Ihr neues, selbstbewußtes Ich: ______________________________

Situation 3:
Sie liegen mit Ihrem Mann oder Freund im Bett. Er fängt an, Sie so zu berühren, wie er es normalerweise tut, wenn er mit Ihnen schlafen will. Sie haben aber keine Lust dazu. Sie haben keine Kopfschmerzen und auch nicht Ihre Tage – Sie sind einfach nicht in der richtigen Stimmung. Was sagen und tun Sie?

Als Ihr früheres Ich: ______________________________

____

____

____

Als Ihr neues, selbstbewußtes Ich: ____________________

____

____

____

Situation 4:
Sie verbringen einen geselligen Abend mit Freunden. Einer bringt das Gespräch auf ein umstrittenes Thema, das Ihnen sehr am Herzen liegt. Bald stellt sich heraus, daß Sie mit Ihrer Meinung zu diesem Thema allein dastehen. Es liegt klar auf der Hand, daß die anderen die Sache nicht objektiv von allen Seiten betrachtet haben. Bis jetzt haben Sie geduldig zugehört und nichts gesagt. Jetzt fragt einer der Freunde Sie nach Ihrer Meinung. Was sagen und tun Sie?

Als Ihr früheres Ich: ______________________________

____

____

____

Als Ihr neues, selbstbewußtes Ich: ______________________

____

____

____

Situation 5:
Sie haben sich so auf diesen Abend gefreut. Sie wollten es sich zu Hause gemütlich machen, vielleicht ein entspannendes Bad nehmen, Ihre Lieblingssendung im Fernsehen anschauen, ein Buch lesen oder irgend etwas anderes Schönes tun. Sie müssen sich heute abend ausruhen, denn morgen haben Sie einen anstrengenden Tag vor sich.

Da klingelt das Telefon. Es ist Andrea, eine alte Freundin von Ihnen. Sie sagt, daß sie heute abend gern ausgehen würde. Sie ist ein bißchen deprimiert und braucht eine Aufheiterung. Sie vermuten, daß sie es schon bei all ihren anderen Freunden versucht hat und daß die anderen alle nein gesagt haben. Wenn sie wirklich in einer schlimmen Lage wäre, würden Sie ihr ja gern helfen, aber Andrea hat dauernd solche Stimmungen, und wenn man mit ihr ausgeht, kommt man normalerweise nicht vor zwei Uhr nachts ins Bett. Deshalb möchten Sie nicht mit ihr ausgehen. Was sagen und tun Sie, wenn Andrea Sie darum bittet?

Als Ihr früheres Ich: ______________________________

____

____

____

Als Ihr neues, selbstbewußtes Ich: ______________________

____

Situation 6:
Ihr Mann oder Partner kommt nach Hause und hat eine Überraschung für Sie: Er hat für heute abend ein paar Freunde zum Essen eingeladen. Sie mögen diese Freunde, stehen aber jetzt vor dem Problem, ein Abendessen kochen zu müssen und nicht einmal die nötigen Zutaten dazu im Haus zu haben. Außerdem wollten Sie sich an diesem Abend Ihrem Lieblingshobby widmen. Er hat das auch früher schon einmal gemacht und Ihnen hinterher versprochen, Sie in Zukunft vorher zu fragen. Sie sind wütend auf ihn, und zwar mit Recht. Was sagen und tun Sie?

Als Ihr früheres Ich: ______________________

Als Ihr neues, selbstbewußtes Ich: ______________________

Damit Sie sichergehen können, ob Sie auf dem richtigen Weg sind, stelle ich Ihnen hier ein paar mögliche Antworten vor, mit denen Sie sich in den Situationen 1–6 durchsetzen könnten. Natürlich gibt es mehr als nur eine richtige Lösung. Solange Sie sich an das Grundprinzip »bestimmtes Auftreten« halten, ist alles okay.

1. Sie sagen ungefähr folgendes: »Könnten Sie mir vielleicht helfen? Ich habe kein Handy bei mir, und meine Familie wird sich Sorgen machen, wenn ich verspätet nach Hause komme. Könnte ich Ihr Telefon benutzen, um rasch zu Hause anzurufen?«

2. Sie unterbrechen das Gespräch, indem Sie die Hand heben (die Handfläche zeigt dabei zu Ihrer Freundin) und mit fester, energischer Stimme sagen: »Ich habe gar nicht gemerkt, daß es schon so spät ist. Ich muß jetzt sofort einkaufen gehen, bevor die Läden schließen.« Dann brechen Sie den Blickkontakt ab und gehen auf die Tür zu; vielleicht haken Sie Ihre Freundin dabei unter und ziehen sie sanft mit sich.

3. Sie sagen in liebevollem Ton: »Du möchtest gern mit mir schlafen, stimmt's? Mir ist heute abend nicht danach. Vielleicht morgen, wenn ich wieder mehr Energie habe. Können wir uns nicht einfach im Arm halten, bis wir einschlafen? Ich liebe dich ...«

4. Sagen Sie deutlich und selbstbewußt Ihre Meinung und lassen Sie alles Wissen einfließen, das Sie haben, um Ihren Argumenten Nachdruck zu verleihen. Versuchen Sie Ihren Freunden Ihren Standpunkt klarzumachen. Bemühen Sie sich, die Sache auch aus ihrem Blickwinkel zu sehen, und bitten Sie sie, Ihnen die Gründe für ihre Meinung zu erklären.

5. Sie dürfen auf gar keinen Fall mit Andrea ausgehen; denn dann hätten Sie die Situation nicht mehr unter Kontrolle. Wiederholen Sie auf ihre Bitten hin einfach immer wieder, daß Sie nicht ausgehen möchten. Wenn sie wirklich einen verzweifelten Eindruck macht, können Sie ihr als Kompromiß ja vorschlagen, bei Ihnen vorbeizukommen – aber nur unter der Bedingung, daß Sie um Punkt 11 Uhr zu Bett gehen werden. (Und halten Sie sich dann auch an diesen Vorsatz.)

6. Sie sagen Ihrem Mann, daß Sie wütend auf ihn sind. Sie können ihn vor die Alternative stellen, die Einladung wieder abzusagen oder selbst einkaufen zu gehen und das Abendessen zu kochen.

Bestimmtes Auftreten: Schlußfolgerungen

Wenn Sie sich selbst wirklich schätzen, werden Sie auch auf Ihren Rechten bestehen. Und je mehr Sie das tun, um so mehr wird Ihre Selbstachtung steigen. Mehr Selbstachtung bedeutet wiederum, daß Sie sich selbst mehr schätzen.

Dieser Kreislauf entsteht durch positives Feedback und ist eine willkommene Abwechslung nach all den Teufelskreisen, die wir vorher kennengelernt haben.

Je mehr Ihr Selbstvertrauen wächst, um so mehr werden Sie auch vom Leben haben. Sie werden positive Gefühle anziehen und negative aus Ihrem Leben verbannen.

Übung:
Wie schätzen Sie sich ein?

Bitte beantworten Sie folgende Fragen:

1. Wenn Sie stets selbstbewußt und bestimmt auftreten würden, in welcher Hinsicht würden Ihre Eßgewohnheiten sich dadurch verbessern?

2. Warum würden sie sich verbessern? Versuchen Sie fünf Bereiche zu finden, in denen eine Verbesserung eintreten könnte.

Eßgewohnheiten, die sich verbessern würden	**Warum würden diese Gewohnheiten sich verbessern?**
1.	
2.	
3.	
4.	
5.	

Wenn Ihr Eßproblem emotionale Ursachen hat, wird selbstbewußtes Verhalten Ihnen dabei helfen, es zu lösen. Damit Ihre emotionalen Bedürfnisse möglichst schnell erfüllt werden, wollen wir uns gleich im nächsten Abschnitt mit ihnen beschäftigen.

So sorgen Sie für die Erfüllung Ihrer Bedürfnisse

In Teil 2 dieses Programms ist Ihnen vielleicht klargeworden, daß Sie manchmal essen, um schwierige oder schmerzliche Gefühle zu unterdrücken. Selbstbewußtes Verhalten hilft Ihnen normalerweise bei der Überwindung solcher Emotionen, denn es gibt Ihnen mehr Macht und mehr Kontrolle. Wenn Sie sich über Ihre emotionalen Bedürfnisse im klaren sind, gewinnen Sie noch mehr Kontrolle über Ihr Leben. Dieser Abschnitt meines Programms möchte Sie dazu ermutigen, Ihre emotionalen Bedürfnisse zu ergründen und zu begreifen. Denn es ist viel besser, zu wissen, daß Sie etwas für die Befriedigung dieser Bedürfnisse tun, statt einfach nur auf emotionale Probleme zu reagieren, sobald sie auftauchen. Ihre Gewichts-/Eßprobleme lassen sich nur dann dauerhaft lösen, wenn Sie emotional stabil und belastbar genug sind, um die Herausforderungen des Lebens, die unweigerlich auf Sie zukommen werden, zu meistern.

Emotionale Bedürfnisse sind wie alle Bedürfnisse sehr starke Impulse, die uns motivieren. Sobald Sie ein Bedürfnis befriedigt haben, werden Sie keine Motivation mehr verspüren, noch mehr von dieser Befriedigung zu bekommen. Wenn Sie zum Beispiel Durst haben, motiviert Sie das dazu, etwas zu trinken. Sobald Sie genug getrunken haben, spüren Sie keine Motivation mehr zum Weitertrinken. Erst wenn Sie erneut Durst bekommen, steigt auch Ihre Motivation zum Trinken wieder.

Offensichtlich haben wir viele physische Bedürfnisse, bei denen das so funktioniert. Wenn Sie ein physisches Bedürfnis haben, das nicht befriedigt wird, sind Sie wahrscheinlich unzufrieden. Man kann das Wort »zufrieden« sogar dementsprechend definieren: Zufrieden sind wir, wenn unsere Bedürfnisse erfüllt werden. Mit emotionalen Bedürfnissen ist es genau dasselbe. Sie werden erst dann wirklich zufrieden sein, wenn Ihre emotionalen Bedürfnisse bis zu einem gewissen Grad erfüllt sind. Die große Frage lautet also:

Worin bestehen unsere emotionalen Bedürfnisse, und wie befriedigen wir sie?

Emotionale Bedürfnisse

Das Ziel der Befriedigung unserer emotionalen Bedürfnisse besteht darin, Glück zu finden und Schmerz zu vermeiden. Alles, was Sie tun, läßt sich letztlich auf diese beiden elementaren Instinkte zurückführen. Wenn wir innerlich nicht glücklich sind, suchen wir häufig nach äußeren Dingen, die uns Wohlbefinden schenken und unseren Schmerz lindern. Vielleicht wünschen wir uns viel Geld und warten auf einen Lottogewinn, der die wundersame Wandlung in unserem Leben herbeiführen soll. Oder wir hoffen auf eine Beförderung, die unseren sozialen Status verbessert. Oder wir wünschen uns neue Kleider, ein neues Auto, ein Baby, eine neue Beziehung oder – natürlich – Essen. Doch tief in unserem Inneren wissen wir: Wenn wir unser Unglücklichsein, unsere Unsicherheiten und Ängste in eine neue Beziehung, eine neue Arbeit oder vielleicht sogar in unser neues Leben als Lottomillionär mitnehmen, werden wir innerlich wieder nicht glücklich sein, auch wenn wir äußerlich so wirken, als gehe es uns hervorragend. Es gibt viele äußerlich »erfolgreiche« Menschen, die innerlich zutiefst unglücklich sind. Solche Menschen geraten häufig in eine verhängnisvolle Spirale hinein: Sie geben immer mehr Geld für »Spielzeug« aus, konsumieren immer mehr Alkohol oder Drogen, haben immer mehr Sex und mehr Beziehungen – alles in der verzweifelten Hoffnung, daß das nächste, was sie ausprobieren, ihnen endlich inneren Frieden bringen wird. Aber:

Die wahre Ursache allen Unglücks ist die fehlende Freude in unserem Herzen.

Wie auch immer unsere äußeren Lebensumstände beschaffen sein mögen – nur das, was in unserem Herzen ist, zählt wirklich. Dunkelheit ist nichts anderes als das Fehlen von Licht. Ebenso ist es auch mit unseren Gefühlen: Nur wenn wir keine positiven Gefühle haben, können negative Empfindungen unser Leben beherrschen.

Die acht Herzenswünsche

Jeder Mensch hat ein anderes Glücksrezept. John Gray beschreibt diese Rezepte in seinem Buch *So bekommst du, was du willst, und willst, was du hast* (Goldmann, 2002). Alle Glücksrezepte beinhalten die folgenden acht Ingredienzen:

1. Liebe und Unterstützung von unseren Eltern
2. Liebe und Unterstützung von Freunden und Familie – und viel Spaß mit diesen Menschen
3. Liebe, Unterstützung und Anerkennung von Gleichaltrigen und Kollegen
4. Liebe und Unterstützung innerhalb unserer Partnerbeziehung
5. Liebe und Zuwendung von uns selbst
6. Einem Menschen, der von uns abhängig ist, Liebe und Unterstützung geben
7. Etwas für die Gemeinschaft tun
8. Die Beziehung zu einer spirituellen Dimension

Vielleicht entdecken Sie beim Überlesen der obigen Liste sofort instinktiv die Bereiche, in denen es Ihnen emotional an etwas fehlt. Sie wissen ganz einfach, daß Sie in diesen Lebensbereichen nicht zufrieden sind. Andererseits gibt es vielleicht auch Punkte auf der Liste, in denen es Ihnen an nichts fehlt – Lebensbereiche, in denen Sie alles haben, was Sie brauchen. Da wir alle unterschiedliche

Bedürfnisse haben, ist jeder Weg zum Glück individuell; und dieser Weg verändert sich im Laufe eines Lebens auch ständig. Wenn Sie zum Beispiel gerade eine neue Beziehung begonnen haben und im siebten Himmel schweben, kann es leicht passieren, daß Sie ihre Freunde vernachlässigen. Doch nach einer Weile, wenn die erste Verliebtheit vorüber ist, wird Ihnen plötzlich bewußt, daß Sie schon seit einiger Zeit keinen Kontakt mehr zu Ihren Freunden hatten, und Sie haben das Bedürfnis, wieder Verbindung mit ihnen aufzunehmen. Damit befreien Sie Ihre Partnerbeziehung von dem Druck, all Ihre emotionalen Bedürfnisse befriedigen zu müssen, und sie wird sich dadurch verbessern. Außerdem macht das, was Sie letztes Jahr glücklich gemacht hat, Sie dieses Jahr vielleicht schon nicht mehr glücklich. Deshalb müssen Sie sich ständig fragen: »Was für emotionale Bedürfnisse habe ich, die erfüllt werden müssen?« Dann bleiben Sie auf dem Weg zum Glück. Doch ehe Sie sich diese Frage beantworten, wollen wir die acht emotionalen Bedürfnisse einmal genauer unter die Lupe nehmen.

1. Liebe und Unterstützung von unseren Eltern

Wie bereits erwähnt, wurde unser Gefühlsleben schon im frühen Kindesalter durch die Beziehung zu unseren Eltern geprägt. Wenn Ihre Eltern Ihnen nicht die bedingungslose Liebe und Unterstützung gegeben haben, die Sie brauchten – ist dann alles verloren? Gott sei Dank nicht. Auch unsere Vergangenheit läßt sich reparieren; und als Erwachsene müssen wir genau prüfen, ob wir diesen Heilungsprozeß auch wirklich durchlaufen haben. Vielleicht müssen Sie Ihre Eltern in einem ganz neuen Licht betrachten, indem Sie verstehen, warum sie Ihnen nicht das gegeben haben, was Sie brauchten. Waren Ihre Eltern vielleicht aufgrund ihrer eigenen Kindheit emotional geschädigt? Haben sie vielleicht den Fehler gemacht, zuviel zu arbeiten, um Sie in materieller Hinsicht gut zu versorgen, und darüber Ihre emotionalen Bedürfnisse vernachlässigt? Wenn Sie Ihre Eltern und deren Leben verstehen, können Sie ihnen verzeihen und sich von allem Zorn und allen Ressentiments befreien. Es ist sehr wichtig für Sie, Ihren Eltern zu verzeihen. Denn durch Vergebung und Mitgefühl befreien Sie nicht nur Ihre Eltern, sondern auch sich selbst. Ob Ihre Eltern noch leben und Ihre Beziehung zu ihnen sich dadurch in Zukunft verbessern wird oder ob sie schon tot sind und Sie nur Ihre Erinnerungen an sie neu definieren müssen – es ist sehr wichtig, diesen Heilungsprozeß durchzumachen.

Vielleicht brauchen Sie einen Lebensberater oder Therapeuten, der Ihnen dabei hilft. Er kann Ihnen die hundertprozentige Unterstützung bieten, die Sie von Ihren Eltern vielleicht nicht bekommen konnten. Dadurch, daß Sie Ihre Eltern verstehen und ihnen verzeihen, befreien Sie sich von vielen negativen Selbstbildern, die Ihre Eltern Ihnen unwissentlich eingeprägt haben. Die innere Reife, die aus diesem Prozeß der Vergebung erwächst, wird es Ihnen ermöglichen, sich selbst Zuwendung und Fürsorge zu schenken.

2. Liebe und Unterstützung von Freunden und Familie – und viel Spaß mit diesen Menschen

Das ist das emotionale Bedürfnis danach, mit Menschen, die Ihnen nahestehen, Spaß zu haben, zu lachen und Erfahrungen auszutauschen. Bekommen Sie im Augenblick genug davon? Haben Sie gute Freunde, mit denen Sie offen reden können? Die für Sie da sind?

Wenn nicht, müssen Sie vielleicht alte Freundschaften neu beleben und neue schließen. Vielleicht sollten Sie mehr Zeit mit Ihren Geschwistern verbringen und eine engere Beziehung zu ihnen entwickeln. Neue Freunde zu finden ist manchmal gar nicht so einfach. Wie findet man Eingang in einen Freundeskreis und entdeckt gleichgesinnte Menschen? Besonders schwierig ist es, wenn Sie aus beruflichen Gründen öfter umziehen mußten und nie längere Zeit an einem Ort bleiben konnten. Dann ist es vielleicht am besten, in einen Club oder irgendeine andere Gemeinschaft einzutreten, die sich einer Aktivität widmet, an der Sie großes Interesse haben. Ich zum Beispiel habe einen Tai-Chi-Kurs belegt und dort einen wunderbaren Menschen kennengelernt, der mein bester Freund geworden ist; außerdem habe ich durch diesen Kurs auch noch drei andere Bekannte gefunden, mit denen ich in regelmäßigem Kontakt stehe. Was für Hobbys und Interessen haben Sie? Gehen Sie doch einmal in die Bücherei und suchen Sie nach Adressen von Gruppen, die diese Hobbys ausüben – oder schauen Sie in der Zeitung oder im Internet nach. Verlassen Sie Ihre eigenen vier Wände, und treffen Sie sich mit Leuten, die die gleichen Interessen haben wie Sie.

Wenn Sie niemals lange genug an einem Ort bleiben, um Freundschaften schließen zu können, sollten Sie sich vielleicht fragen, ob das wirklich der Lebensstil ist, den Sie sich wünschen. Vielleicht war das genau das Richtige für Sie, als Sie noch jung waren; aber inzwischen hat sich möglicherweise einiges geändert, und Sie würden gern an einem bestimmten Ort seßhaft werden. Wenn Sie mit Ihrem ruhelosen Leben zufrieden sind, könnten Sie vielleicht trotzdem versuchen, mit alten Freunden in Kontakt zu bleiben – wenn auch nur per E-Mail.

Wahre Freunde akzeptieren uns so, wie wir sind – mit all unseren unschönen Seiten. Das hilft uns, uns auch selbst zu akzeptieren.

3. Liebe, Unterstützung und Anerkennung von Gleichaltrigen und Kollegen

Ist es nicht etwas Wunderbares, von seinen Kollegen geschätzt und geliebt zu werden? Dieses Bedürfnis überlappt sich mit dem Wunsch nach Familie und guten Freunden; aber bei Kollegen und

Gleichaltrigen geht es mehr um das Gefühl, »dazuzugehören«. Wenn man sich einer Gruppe von Menschen anschließt, die ein bestimmtes Hobby betreiben, hat man dieses Gefühl der Zugehörigkeit – und zusätzlich auch noch die Chance, in dieser Gruppe ein oder zwei Menschen kennenzulernen, die zu echten Freunden werden.

Menschen sind nun einmal Herdentiere. Gibt es eine »Herde«, zu der Sie gehören und mit der Sie sich identifizieren? Wenn ja, werden Sie feststellen, daß diese Herde viele Wertvorstellungen und Rituale besitzt, die sie verbinden und durch die sie sich definiert. Vielleicht haben Sie diese »Herde« an Ihrem Arbeitsplatz gefunden – aber das funktioniert nur dann, wenn Ihre Kontakte und Beziehungen zu Ihren Kollegen Ihnen Kraft geben. Bei unserem heutigen harten Konkurrenzkampf gibt es nur noch wenige Arbeitsplätze, die einem dieses Gefühl der Sicherheit und Geborgenheit bieten. Wenn Sie so etwas in Ihrer Arbeit gefunden haben, sind Sie ein echter Glückspilz! Aber es gibt auch noch viele andere Herden: Elterngruppen, Gruppen für alleinerziehende Mütter und Väter, religiöse und wohltätige Vereinigungen, Sportvereine, Selbsthilfegruppen und so weiter. Welcher dieser Herden könnten Sie sich anschließen? Denken Sie darüber nach, ob Sie das nicht lieber allein als mit Ihrem Partner tun wollen. Schließlich sollten Ihre anderen Interessen Ihre Partnerbeziehung bereichern. Dann haben Sie etwas, was Ihnen ganz allein gehört, und gleichzeitig ein interessantes Thema, von dem Sie Ihrem Partner erzählen können. Außerdem kann es sehr gut für eine Beziehung sein, wenn jeder Partner seine eigene »Herde« aus Geschlechtsgenossen hat. Viele Frauen sind gern ab und zu mit anderen Frauen zusammen, während Männer wiederum gerne hin und wieder etwas mit anderen Männern unternehmen. Haben Sie schon eine »Frauen-Herde«?

4. Liebe und Unterstützung innerhalb unserer Partnerbeziehung

Das ist das Bedürfnis nach einem ganz besonderen Menschen in unserem Leben: einem Menschen, den wir lieben und dem wir uns anvertrauen können, mit dem wir uns gemeinsam weiterentwikkeln, für den wir da sind und an den wir uns gebunden fühlen – einem Menschen, für den wir etwas Besonderes sind und der uns auch dementsprechend behandelt. Wir sehnen uns nach jemandem, der vertrauenswürdig und zuverlässig ist. Und wir möchten gerne wunderbaren Sex mit diesem Menschen haben, dabei unsere Identität aufgeben und uns ganz in dieser glücklichen Vereinigung verlieren. Wahrscheinlich könnten Sie noch zehn weitere Dinge aufzählen, die Sie sich von einem Partner und einer Partnerbeziehung wünschen. Diese Wunschvorstellungen machen es nicht gerade leicht für uns, den richtigen Menschen zu finden. Heutzutage haben wir alle sehr hohe Erwartungen; und die meisten Menschen haben nicht genug Zeit, um ihre Partnerbeziehung zu pflegen. Daher sind Beziehungen in unserer heutigen Zeit großen Belastungen ausgesetzt. Man muß wirklich an seiner Beziehung arbeiten.

Falls Sie momentan in einer Beziehung leben – erfüllt sie Ihre Bedürfnisse? Wenn nicht, müssen Sie sie in irgendeiner Hinsicht verbessern. Normalerweise ist es die Frau, die solche Veränderungen in Gang setzt. Männern fällt es meist schwerer, über Probleme zu sprechen. Also liegt die Verantwortung vielleicht bei Ihnen. Ich kenne keinen besseren Weg zu einer Veränderung, als das Buch *Männer sind anders. Frauen auch* (Goldmann, 2002) von John Gray zu lesen. Lesen Sie es zuerst einmal allein, um die Unterschiede zwischen Männern und Frauen zu verstehen, und dann noch einmal gemeinsam mit Ihrem Partner. Er sollte sich durch Ihren Wunsch, etwas an Ihrer Beziehung zu verändern, möglichst wenig bedroht fühlen. Die meisten Männer fasziniert das Buch, weil sie dadurch ein sehr geheimnisvolles Thema zu verstehen beginnen, das für sie normalerweise ein Buch mit sieben Siegeln ist: Frauen. Finden Sie zu einem gemeinsamen Verständnis der Situation. Entdecken Sie zusammen die Ideen in diesem Buch. Lernen Sie, sich besser zu verstehen, und werden Sie sich darüber einig, daß Sie sich beide verändern müssen.

Wer nicht in einer solchen Beziehung lebt, der hat normalerweise ein starkes Bedürfnis, einen Partner bzw. eine Partnerin zu finden. Natürlich gibt es auch Ausnahmen. Manche Menschen finden ihre ganze Erfüllung in einem anderen Lebensbereich. Einer Nonne beispielsweise, die ihr Leben Gott geweiht hat, gibt diese spirituelle Verbindung vielleicht so viel, daß alle anderen Bedürfnisse daneben bedeutungslos sind. Aber die meisten Menschen sind nicht für ein Leben der Enthaltsamkeit geschaffen; sie sehnen sich nach jemandem, mit dem sie ihr Leben teilen und vielleicht auch eine Familie gründen können.

Wenn Sie keine Partnerbeziehung haben, aber wissen, daß dies ein wichtiges Bedürfnis in Ihrem Leben ist – was können Sie tun? Es ist nicht Sinn und Zweck dieses Buches, Ratschläge zu geben, wie man den »richtigen« Partner findet. Es gibt genügend andere Bücher über dieses Thema, in denen Sie vielleicht ein paar hilfreiche Tips finden. Trotzdem möchte ich Ihnen ein paar Gedanken zu dem Thema mit auf den Weg geben.

Zunächst einmal: Suchen Sie nicht zu krampfhaft. Das führt nur zu Streß und Ängsten. Konzentrieren Sie sich statt dessen lieber auf die Erfüllung Ihrer anderen Bedürfnisse. Das müssen Sie ohnehin tun. Auf diese Weise kommen Sie mit anderen Menschen in Kontakt.

Zweitens: Denken Sie immer daran, daß Sie einen Partner finden möchten, der Sie als wunderbares menschliches Wesen ergänzt und weiterbringt. Stellen Sie keine »Einkaufsliste« der Eigenschaften auf, die er oder sie haben sollte. Denn dadurch beschränken Sie sich auf das, was Sie bereits wissen, so daß Sie den potentiellen Partner, der vielleicht direkt vor Ihrer Nase sitzt, gar nicht erkennen. Konzentrieren Sie sich lieber darauf, wie Ihre Beziehung sein sollte.

Drittens: Glauben Sie nicht, daß es nur einen einzigen »richtigen« Partner gibt. Es gibt viele Menschen, die für Sie »richtig« sein könnten. Sie müssen erst einmal einen potentiellen Partner kennenlernen und dann abwarten, ob sich daraus die Beziehung entwickelt, die Sie sich wünschen. Das heißt, daß Sie sich wahrscheinlich erst einmal eine Zeitlang mit verschiedenen Männern bzw. Frauen treffen müssen. Das sollte eine Kennenlernphase sein, in der Sie keine Risiken eingehen.

Viertens: Erwarten Sie keinen »vollkommenen« Partner. Sonst werden Sie zwangsläufig immer enttäuscht sein und nie eine wirkliche Bindung eingehen.

5. Liebe und Zuwendung von uns selbst

Das ist das Bedürfnis, sich selbst das zu geben, was Sie brauchen – einmal nicht für andere Menschen dazusein, sondern das zu tun, was Ihnen Spaß macht. Ein Beispiel dafür wäre ein »Verwöhntag«, an dem sich alles nur um Sie und Ihr Wohlbefinden dreht. Meine Partnerin bezeichnet diese Tage als ihre »Diadem-Tage«. Sie schläft so lange, wie sie möchte, nimmt dann ein genüßliches Bad mit Ihren Lieblings-Aromaölen, trägt sorgfältig Nagellack auf ihre Fingernägel auf, zieht ein schönes Kleid an und trägt manchmal tatsächlich ein Diadem. Sie versichert mir stets, daß sie das nicht etwa tut, um vornehm zu wirken; es ist nur ein Symbol dafür, daß sie an diesem Tag nicht aus dem Haus zu gehen braucht. Mehr weiß ich nicht. Das ist ihr Tag – also spioniere ich ihr nicht nach. Ich nehme an, daß sie einfach das tut, was ihr Spaß macht. Wenn Sie sich selbst verwöhnen können, zeigen Sie damit, daß Sie davon überzeugt sind, das auch wert zu sein. Überlegen Sie einmal, ob Sie an einen bestimmten Ort fahren oder etwas Bestimmtes tun möchten. (Das kann alles mögliche sein – Drachenfliegen, Tanzen, eine Kosmetikbehandlung ...). Vielleicht möchten Sie auch einfach nur mit einer guten Freundin zusammen sein. Was würde Ihnen ein angenehmes, warmes Gefühl im Herzen geben? Diese besonderen Tage müssen sorgfältig geplant werden. Genießen Sie auch diese Planung. Tragen Sie Ihren nächsten »Verwöhntag« gleich jetzt in Ihren Terminkalender ein.

Natürlich sollte man sich nicht nur an diesen besonderen Tagen, sondern tagtäglich mit kleinen Dingen verwöhnen. Das bedeutet, daß Sie jeden Tag etwas Zeit einplanen sollten, die Sie ganz für sich allein haben. Wenn Sie jeden Tag zwanzig Minuten für sich hätten, was würden Sie damit anfangen?

Wenn Sie mit diesem Programm beginnen, ist das ein Zeichen dafür, daß Sie sich selbst Liebe und Zuwendung entgegenbringen. Sie tun etwas für sich.

Haben Sie ein Bedürfnis danach, sich selbst mehr zu lieben und zu verwöhnen?

6. Einem Menschen, der von uns abhängig ist, Liebe und Unterstützung geben

Das ist das Bedürfnis, für einen anderen Menschen Verantwortung zu tragen. Diese Verantwortung gibt uns das Gefühl, etwas wert zu sein. Dadurch wird uns klar, daß wir erwachsen sind. Das Vertrauen, das ein anderer Mensch in uns setzt, bringt uns dazu, unser Bestes zu geben. Wenn wir diesem Vertrauen gerecht werden, ist das für uns eine Bestätigung, daß wir tatsächlich jener bessere Mensch sind, der wir gern sein möchten.

Meist sind diese abhängigen Menschen Kinder. Wenn Sie Kinder haben, kennen Sie wahrscheinlich das Gefühl bedingungsloser Liebe, das man empfindet, wenn man sie schlafen sieht. Ich wähle hier absichtlich das Beispiel der schlafenden Kinder, weil ich selbst Vater bin und weiß, wie schwierig Kinder manchmal sein können. Aber wenn ich meinen Sohn schlafen sehe, erinnert dieser Anblick mich daran, wie schön und wunderbar er ist. Dann denke ich an die Zeit, als er noch ein ganz hilfloses Baby war, und mein Herz fliegt ihm zu. Das hilft mir, mich nach all seinen Frechheiten, seinem Geschrei und seinen tausend Wünschen an das bessere Ich meines Sohnes zu erinnern, und ich fühle mich wieder wohl in meiner Vaterrolle.

Wenn Sie keine Kinder haben oder Ihre Kinder schon auf eigenen Füßen stehen, wie können Sie dieses Bedürfnis dann befriedigen? Nun, falls Sie Enkelkinder haben sollten, ist auch das eine wunderbare Möglichkeit, für andere Menschen Verantwortung zu tragen. Würden Sie sich gern mehr für Ihre Enkel verantwortlich fühlen? Dann versuchen Sie mehr Zeit mit ihnen zu verbringen. Sie könnten sie zum Beispiel bei sich übernachten lassen oder ab und zu etwas Besonderes mit ihnen unternehmen. Falls sich in Ihrem näheren Umfeld keine Kinder befinden: Gibt es vielleicht andere Lebewesen, die völlig von Ihnen abhängig sind? Das kann zum Beispiel ein Haustier oder ein Garten sein – oder Zimmerpflanzen. Ich habe in meinem Garten einen Teich angelegt und schaue jeden Tag nach, was sich dort alles abspielt. Da gibt es Fische zu füttern, Käfer und Molche zu beobachten, Unkraut zu jäten und Uferpflanzen zu pflegen. Ich muß für meinen Garten sorgen, aber ich bekomme dafür auch etwas zurück: ein gutes Gefühl. Gibt es (außer Kindern) irgend etwas, was Sie pflegen und versorgen müssen – ein Lebewesen, das Sie braucht?

7. Etwas für die Gemeinschaft tun

Wenn es eine große Veränderung im Leben der heutigen Menschen gibt, so ist es die Auflösung des inneren Zusammenhalts der Gemeinden. Früher spielte die Gemeinde für die Menschen eine wichtige Rolle – das war ihre »Herde«, zu der sie sich zugehörig fühlten. Sicher war das Gemeindeleben früher oft auch einengend und erdrückend; es gab viele ungeschriebene Gesetze, die man nicht übertreten durfte – doch in ihrer gesunden Form bieten solche Gemeinwesen uns Unterstützung; sie geben uns eine Identität und das Gefühl, zu wissen, wo wir hingehören.

Wir alle haben das Bedürfnis, der Gemeinschaft, die etwas für uns getan hat, etwas zurückzugeben und jene Strukturen zu unterstützen, die den Ort, in dem wir leben, positiv geprägt haben. Wir alle möchten gern in einer schönen, angenehmen Umgebung leben – in einer Gemeinde, wo die Menschen zusammenhalten, wo es alle Einrichtungen gibt, die man braucht, und wo die Kinder in Sicherheit leben können. In Ortschaften, in denen ein ausgeprägtes Gemeinschaftsgefühl herrscht, findet man Unterstützung, wenn man in Schwierigkeiten ist. Dieser Gemeinschaftsgeist motiviert uns beispielsweise dazu, einem Nachbarn zu helfen, wenn sein Keller unter Wasser steht. Jeder Mensch hat ein Bedürfnis danach, anderen etwas zu geben – nur um des Gebens willen. Der Gemeinschaftsgeist besteht aus dem Geist einzelner Individuen.

Menschen, die sich in ihrer Gemeinde engagieren, sind meist schon etwas älter. Es ist schwierig, regelmäßig Zeit für solche Aktivitäten zu erübrigen, wenn man einen Beruf und Kinder hat. Verstehen Sie mich also bitte nicht falsch: Ich sage nicht, daß Sie etwas für die Gemeinde, in der Sie leben, tun »sollten«. Vielleicht befinden Sie sich momentan in einer Lebensphase, in der das nicht möglich ist. Aber wenn Ihnen Ihr Leben zu unausgefüllt vorkommt und Sie viel Zeit haben, täte es Ihnen vielleicht gut, darüber nachzudenken, wie Sie dieses Bedürfnis befriedigen können.

Da der Zusammenhalt in den meisten Gemeinden heutzutage nicht mehr so gut ist, können Sie hier einen wichtigen Beitrag leisten. So könnten Sie zum Beispiel unentgeltlich Menschen helfen, die in Not sind – ob jung oder alt. Sie könnten jemanden, der kein Auto hat, zum Einkaufen fahren oder finanzielle Mittel für eine Stadtbibliothek oder den Ausbau eines Spielplatzes sammeln.

Haben Sie das Bedürfnis, etwas für Ihre Gemeinde zu tun?

8. Die Beziehung zu einer spirituellen Dimension

Das ist das Bedürfnis, sich als Teil eines größeren Ganzen zu fühlen. Wenn Sie das Gefühl haben, daß das Leben mehr beinhaltet als unsere bloße physische Existenz, haben Sie einen Sinn für spirituelle Dinge. Und wenn Sie Ihr Leben als sinnlos empfinden sollten, so liegt das daran, daß Sie noch nicht entdeckt haben, daß Ihre Existenz Teil eines größeren Sinnzusammenhangs ist. Selbst vom wissenschaftlichen Standpunkt aus betrachtet kann man sagen, daß wir alle miteinander verbunden sind. Die Chaostheorie besagt, daß sogar zwischen dem Flügelschlag eines Schmetterlings in Brasilien und dem Windstoß in unserem Garten ein Zusammenhang besteht. Die Art, wie Sie leben, wirkt sich auf andere Menschen, Tiere, Pflanzen und die Umwelt insgesamt aus. Sie bewirken also tatsächlich etwas auf dieser Welt. Denken Sie nur einmal daran, daß unser schöner blauer Planet, der so voller Leben ist, sich inmitten eines Sonnensystems aus lauter unbewohnbaren Planeten befindet. Wir haben wirklich Glück! Wir haben dieses wunderbare Geschenk des Lebens erhalten, aber wir halten es für selbstverständlich und konzentrieren uns viel zu sehr auf unsere Probleme und Leiden.

Die Menschen, die das Leben am meisten zu schätzen wissen, haben oft schon einmal dem Tod ins Auge gesehen. Durch die Konfrontation mit dem Tod wird einem klar, wie kostbar das Leben ist. Viele Menschen haben nach einer solchen Erfahrung ihr

Leben von Grund auf geändert. Wenn man etwas Besonderes zu verlieren droht, sieht man es plötzlich in einem ganz neuen Licht und erkennt all seine Qualitäten. Dann wird einem klar, was man alles versäumen würde, wenn man es nicht mehr hätte, und man würde alles tun, um es zu behalten. Dieses Bewußtsein kann die Lebensweise eines Menschen grundlegend verändern. Man setzt plötzlich ganz andere Prioritäten und fragt sich: »Was ist in meinem Leben wirklich wichtig?«

Wenn Sie das Bedürfnis haben, mit einer Dimension in Kontakt zu treten, die größer und umfassender ist als Sie selbst, dann nehmen Sie sich die Zeit, das Meditieren zu erlernen oder zu beten. Tun Sie sich mit anderen Menschen zusammen, die ebenfalls nach einer solchen spirituellen Verbindung suchen. Wenn Sie in einer Krise stecken, bitten Sie um Hilfe »von etwas Höherem«. Selbst wenn Sie nicht an Gott glauben, kann es Ihnen Kraft und Trost schenken, so zu tun, als gäbe es ein höheres Wesen, das Sie liebt und sich um Sie kümmert.

Sobald Ihr Bedürfnis nach einer solchen spirituellen Dimension in Ihrem Leben erfüllt ist, werden Sie inneren Frieden finden. Dann fürchten Sie sich auch nicht mehr vor dem Tod und haben nicht mehr das Gefühl, daß Ihnen irgend etwas fehlt. Dann fließen Sie vor Liebe und Mitgefühl zu anderen Menschen über.

Übung: **Selbsteinschätzung: Meine acht Herzenswünsche**

Inwieweit sind Ihre acht Herzenswünsche erfüllt? Füllen Sie bitte den folgenden Fragebogen aus. Bewerten Sie jeden der acht Lebensbereiche mit einer Punktzahl zwischen 0 und 10. 0 bedeutet, daß Ihre Bedürfnisse auf diesem Gebiet überhaupt nicht befriedigt sind; 10 bedeutet, daß sie hundertprozentig erfüllt sind.

Herzenswunsch	Punktzahl
1. Liebe und Unterstützung von meinen Eltern	
2. Liebe und Unterstützung von Freunden und Familie – und viel Spaß mit diesen Menschen	
3. Liebe, Unterstützung und Anerkennung von Gleichaltrigen und Kollegen	
4. Liebe und Unterstützung innerhalb meiner Partnerbeziehung	
5. Liebe und Zuwendung von mir selbst	
6. Einem Menschen, der von mir abhängig ist, Liebe und Unterstützung geben	
7. Etwas für die Gemeinschaft tun	
8. Die Beziehung zu einer spirituellen Dimension	

Diese Selbsteinschätzung bildet die Grundlage für Ihren Aktionsplan in Teil 4 des Programms.

Unsere Lebensweise erzeugt Streß

Wenn wir uns unserer emotionalen Bedürfnisse bewußt geworden sind, wundert es uns eigentlich gar nicht mehr, daß es in unserer hektischen modernen Zeit so schwierig ist, unser Leben wirklich befriedigend zu gestalten. Die meisten Menschen stehen in irgendeiner Form unter Streß. Es ist schwer, ein völlig streßfreies Leben zu führen. Wenn Sie berufstätig sind, verlangt Ihr Arbeitgeber wahrscheinlich eine ganze Menge von Ihnen. Wenn Sie Kinder haben, stellen diese sicherlich große Ansprüche an Sie. Und wenn

Sie täglich eine weite Strecke zur Arbeit fahren müssen, ist auch das sehr anstrengend. Wenn Sie womöglich noch mit dem Geld hin und her jonglieren müssen, um all Ihre Rechnungen bezahlen zu können, stehen Sie unter zusätzlichem Druck. Und wenn Sie von Ihrer Familie getrennt leben, müssen Sie all diese Belastungen allein tragen und haben niemanden, der Ihnen dabei den Rücken stärkt. Es tut mir leid, wenn ich Sie deprimiert haben sollte – aber all das beobachte ich nun einmal tagtäglich in unserer Gesellschaft. Ich glaube, viele Menschen tun ihr Bestes, um sich durchs Leben zu kämpfen, empfinden aber innerlich eine Art stummer Verzweiflung. Ich habe noch keinen berufstätigen Menschen kennengelernt, der genug Zeit hat, um alles zu tun, was er eigentlich tun müßte.

Wenn wir unter Streß stehen, denken und fühlen wir anders. Dann denken wir über unser kurzfristiges Überleben nach – wie wir es schaffen sollen, das Problem zu überwinden, mit dem wir gerade konfrontiert sind. Wir haben weniger Geduld mit uns selbst und mit anderen Menschen. Unser Immunsystem ist geschwächt – wir werden anfälliger für Infektionen. Unsere Muskeln verspannen sich, vor allem im Kreuz, im Nacken und in den Schultern. Es fällt uns schwer, sanft und liebevoll mit anderen Menschen umzugehen. Vielleicht lassen wir unsere Frustration gerade an den Menschen aus, die uns am nächsten stehen, und schaden damit der Beziehung, die wir so dringend bräuchten, um das alles zu verkraften. Achten wir in so einer Situation noch auf unsere Ernährung? Denken wir darüber nach, in was für einem Zustand unser Körper in fünf oder zehn Jahren sein wird? Haben wir noch Zeit, unsere tiefsten emotionalen Bedürfnisse zu befriedigen? Nein, ganz gewiß nicht.

Warum also ergreifen Sie nicht diese Gelegenheit, einmal über Ihr Leben und Ihre Lebensweise nachzudenken? Überlegen Sie sich doch einmal folgendes:

Nehmen wir an, Sie liegen im Sterben und blicken auf Ihr Leben zurück. Was hätten Sie in Ihrem Leben öfter tun sollen? Und was hätten Sie seltener tun sollen?

Das hätte ich in meinem Leben öfter tun sollen	**Das hätte ich in meinem Leben seltener tun sollen**

Warum wollen Sie also warten, bis es zu spät ist?

Die meisten großen Veränderungen im Leben eines Menschen bestehen darin, daß er irgend etwas aufgeben muß. Damit Ihre Herzenswünsche erfüllt werden, müssen Sie vielleicht auf etwas anderes verzichten. Denn wenn Ihr Leben bereits voll von anderen Dingen ist, gibt es darin keinen Platz mehr für etwas Neues. Daher ist es wahrscheinlich die wichtigste Frage in diesem Buch, zu entscheiden, was im Leben wirklich wichtig ist und was nur eine Illusion oder Ablenkung darstellt. Denken Sie einmal darüber nach, und sprechen Sie auch mit Freunden darüber. Dann werden Sie feststellen, daß Sie nicht der einzige Mensch sind, der das Leben als Kampf und Mühsal empfindet. Hören Sie sich an, wie andere Menschen mehr aus ihrem Leben gemacht haben, indem sie ihre Lebensweise von Grund auf änderten. Aber denken Sie daran: Sie sind ein einmaliges menschliches Wesen. Also tun Sie nicht einfach das gleiche wie die anderen; denn es kann sein, daß das bei Ihnen nicht funktioniert. Denken Sie darüber nach, was Sie sich wünschen und wie sich das mit den Bedürfnissen und Vorstellungen der Menschen in Einklang bringen läßt, die Sie lieben. Führen Sie kein Leben der Gewohnheit und Routine. Haben Sie Mut, und wagen Sie es, Ihr Leben so zu gestalten, wie Sie es sich wünschen.

Wie man seine Lebensgewohnheiten ändert

Wenn Ihr Gewichts-/Eßproblem nicht durch emotionale Faktoren bedingt ist, wird dieser Abschnitt meines Programms hilfreich für Sie sein: Denn er führt Sie durch den Prozeß der Veränderung Ihrer Lebensgewohnheiten. Und selbst wenn emotionale Faktoren bei Ihnen doch eine Rolle spielen sollten, kann es trotzdem sein, daß Sie im Lauf der Zeit ein paar schlechte Eßgewohnheiten angenommen haben. Daher empfehle ich allen meinen Leserinnen, diesen Abschnitt auf jeden Fall durchzuarbeiten.

Seine Lebensgewohnheiten zu ändern, ist in erster Linie eine Frage der Motivation. Ihre Motivation, die neue Gewohnheit anzunehmen, muß stärker sein als der Drang, weiterhin an der alten Gewohnheit festzuhalten. Es gibt zwei Hauptmotivationsfaktoren: die Sehnsucht, etwas zu erreichen, was Ihnen angenehme Gefühle schenkt, und den Wunsch, etwas hinter sich zu lassen, was Ihnen Schmerzen bereitet. Wenn es mit sehr angenehmen Gefühlen verbunden ist, etwas Neues zu tun, und der mit der alten Gewohnheit verbundene Schmerz gleichzeitig sehr intensiv ist, dann drängen beide Motivationsfaktoren Sie in die gleiche Richtung. Dann wird das neue Verhalten für Sie zu einer zwingenden Notwendigkeit. Wenn wir es schaffen, daß gute Eßgewohnheiten zu einer so unwiderstehlichen Verlockung für Sie werden, haben wir Ihr Eßproblem gelöst. Aber woher wissen wir, was gute Eßgewohnheiten sind? Ich habe Ihnen zwar versprochen, in diesem Buch nichts über Diäten zu schreiben; trotzdem muß ich kurz darauf eingehen, wie man sich ernähren sollte.

Die richtige Ernährung

Natürlich gibt es keine »richtigen« und »falschen« Nahrungsmittel. Aber man sollte von bestimmten Nahrungsmitteln mehr und von anderen weniger essen. Hier die neuesten Erkenntnisse zum Thema Ernährung:

- Ein hoher Kohlenhydratkonsum scheint den Appetit eher zu stillen als ein hoher Fettkonsum.
- Übergewichtige Menschen ernähren sich in der Regel fettreicher als schlanke Menschen.
- Zu den Nahrungsmitteln mit hohem Kohlenhydratgehalt gehören Brot, Kartoffeln, Reis und Teigwaren.

Daraus können wir schließen, daß eine zu fettreiche Ernährung das größte Problem ist. Nahrungsmittel mit hohem Fettgehalt sättigen nicht lange, enthalten aber viele Kalorien. Außerdem bekommen Sie nach einer fettreichen Mahlzeit möglicherweise Hunger auf Kohlenhydrate, weil der Körper Kohlenhydrate in Einfachzucker umwandelt, um Energie zu gewinnen. Deshalb kann es sein, daß Sie nach einer fettreichen Mahlzeit Hunger auf Süßes bekommen! Das ist keine gute Nachricht – denn damit führen Sie Ihrem Körper gleich eine doppelte Ladung Kalorien zu. Wenn Sie dagegen viele Kohlenhydrate zu sich nehmen, hält Ihr Sättigungsgefühl länger an. Kohlenhydrate haben mehr Volumen und füllen den Magen besser als Fett.

Wir alle wissen, daß Zucker häufig als »leere Kalorien« bezeichnet wird. Wenn Sie also löffelweise Zucker auf Ihre Haferflocken schütten oder jeden Tag einen Liter Cola oder Limonade trinken, ist das eindeutig zuviel des Guten. Aber Zucker in kleinen Mengen (beispielsweise in der Marmelade oder in einem Nachtisch) schadet nicht viel – und was noch wichtiger ist: Auf diese Weise bringen Sie sich nicht um das Vergnügen, hin und wieder etwas Süßes zu essen. Wenn Sie sich hauptsächlich von sättigenden Kohlenhydraten ernähren, werden Sie wahrscheinlich mit einem mäßigen Zuckerkonsum völlig zufrieden sein.

Kohlenhydrate bilden schon seit Jahrhunderten die Ernährungsgrundlage der meisten zivilisierten Völker. In asiatischen Ländern ist Reis das Hauptnahrungsmittel. In Europa ernähren die Menschen sich hauptsächlich von Hafer, Weizen und Gerste; in Afrika bildet Hirse das Grundnahrungsmittel, in Südamerika Kartoffeln und Quinoa. Solange Sie zu diesen Kohlenhydraten keine sehr fetthaltige Sauce essen oder Ihre Folienkartoffel nicht mit einer Riesenportion Butter garnieren, dürfte es Ihnen auf diese Weise gelingen, abzunehmen und trotzdem gut zu essen. Bei einem Gericht wie beispielsweise Chili con carne sollten Sie am Anfang mehr Reis als Sauce essen. Wenn Sie dann satt sind, ist es besser, die Sauce auf dem Teller übrigzulassen als den Reis.

Und vergessen Sie auch die Hülsenfrüchte nicht – Linsen, Erbsen und Bohnen aller Art (grüne Bohnen, dicke Bohnen, Kidneybohnen, Platterbsen usw.). Sie sind nahrhaft und haben einen mittleren Eiweißgehalt. Außerdem quellen sie im Magen auf und sorgen für ein lange anhaltendes Sättigungsgefühl. Auch Hülsenfrüchte gehören schon seit Jahrhunderten zu den Grundnahrungsmitteln.

Im Gegensatz zu einer weit verbreiteten irrigen Annahme braucht unser Körper nicht viel Eiweiß. Käse, Fleisch, Eier, Nüsse und Kerne enthalten Eiweiß und Mineralstoffe, aber wir brauchen davon nur eine kleine Menge pro Tag.

Obst und Gemüse gehören, wie wir alle wissen, zu den Nahrungsmitteln, die wir häufiger zu uns nehmen sollten. Essen Sie so viel davon, wie Sie können, und gönnen Sie sich dabei möglichst viel Abwechslung. Obst kann man jederzeit als kleinen Imbiß einschieben; Gemüse sollten Sie als Beilage zu Ihren kohlenhydratreichen Hauptmahlzeiten essen. Salate sind ebenso wie Obst »lebendige« Nahrungsmittel mit einem hohen Vitamingehalt.

Rotes Fleisch ißt man am besten nur in Maßen, denn es hat einen hohen Fettgehalt und ist schwer verdaulich.

Machen Sie sich einmal bewußt, wie viele kalorienreiche Nahrungsmittel und Getränke wir tagtäglich zu uns nehmen: Alkohol, Cola und Limonade, Kekse, Kuchen, Käse, Chips, Erdnüsse, Eis etc. Sie brauchen nicht völlig darauf zu verzichten: Begnügen Sie sich einfach mit kleineren Mengen. Machen Sie einen besonderen Leckerbissen daraus und genießen Sie ihn. Ich zum Beispiel liebe

Schokolade. Am liebsten mag ich dunkle Schokolade aus biologischem Anbau mit einem Kakaogehalt von 70 Prozent. Ich kaufe sie mir als besonderen Genuß und esse davon nur ein bis zwei kleine Stückchen nach einer Mahlzeit. Da ich dabei kein schlechtes Gewissen habe, kann ich sie wirklich genießen.

Heutzutage muß alles zweckmäßig sein – auch in der Küche und beim Essen. Man muß es sich so einfach wie möglich machen – leider gilt das oft auch, wenn man für eine ganze Familie kocht. Teigwaren sind leicht zuzubereiten. Das gilt auch für Reis (wenn man weiß, wie man ihn zubereitet – wenn nicht, sollten Sie es lernen). Auch Haferflockenbrei ist ein schnelles Frühstück: In der Mikrowelle dauert die Zubereitung nicht länger als drei Minuten. Kartoffeln sind ebenfalls einfach zuzubereiten und vielseitig verwendbar.

Wenn Sie nicht wissen, wie man Suppe kocht, sollten Sie sich ein Kochbuch kaufen und ein paar Suppenrezepte lernen. Das Wunderbare an Suppen ist, daß man mit einer Handvoll Linsen oder ein paar Kartoffeln, einem Gemüsebrühwürfel und etwas Gemüse ohne große Mühe ein schmackhaftes, gesundes Essen auf den Tisch zaubern kann. Wenn Sie Fleisch essen, können Sie die Knochen als Grundlage für die Brühe verwenden. Kochen Sie sich alle paar Tage einen großen Topf Suppe. Wenn Sie Reste von anderen Mahlzeiten hinzufügen, schmeckt sie jeden Tag anders. Wenn Sie nur einen Teller Suppe aufwärmen, Brot in Scheiben schneiden und eine Tüte Fertigsalat aufmachen müssen, um ein köstliches Mittagessen auf den Tisch zu bringen, ist das Kochen keine große Mühe. Das beste Küchenutensil, das ich mir je gekauft habe, war ein billiges Handmixgerät, mit dem man Suppen verquirlt und es hinterher einfach unter dem Wasserhahn abspült.

Beschaffen Sie sich ein Rezept für Hühnersuppe – das uralte Heilmittel aus der jüdischen Küche. Das ist ein Essen, das Wohlbehagen schenkt und uns wirklich guttut.

Zusammenfassung

- Ihre Hauptmahlzeiten sollten hauptsächlich aus Kohlenhydraten bestehen; als Beilage dazu eignet sich Gemüse. (Sie können natürlich auch Fleisch dazu essen; es muß aber nicht unbedingt sein.)
- Essen Sie möglichst oft Salat zu den Mahlzeiten. Rohkost hat einen besonders hohen Vitamingehalt.
- Essen Sie regelmäßig; dann werden Sie nicht so oft das Bedürfnis haben, zwischendurch fettreiche Fast-food-Snacks wie beispielsweise Chips, Pommes frites und dergleichen zu sich zu nehmen.
- Essen Sie weniger gebratene und fettreiche Nahrungsmittel. (Dazu gehören auch Kuchen und Torten).
- Für den kleinen Hunger zwischendurch können Sie einen kleinen zuckerhaltigen Snack zu sich nehmen (ein Stück Schokolade ist okay).
- Haben Sie stets Obst im Haus.
- Lernen Sie verschiedene Suppenrezepte und haben Sie immer einen Topf Suppe im Kühlschrank, den Sie nur noch aufzuwärmen brauchen.

Es gibt genügend Kochbücher mit hervorragenden Rezepten für kohlenhydratreiche Gerichte.

Nun wollen wir anfangen, an Ihrer Motivation zu arbeiten. Zuerst einmal machen wir uns klar, mit was für unangenehmen Gefühlen es verbunden wäre, wenn Sie bei Ihren jetzigen Eßgewohnheiten blieben.

Ich habe es satt

Stellen Sie eine Liste aller Dinge auf, die mit Essen zu tun haben (Emotionen, Aussehen, Kleidung etc.) und von denen Sie jetzt endgültig die Nase voll haben. Auf dieser Liste könnte zum Beispiel stehen: »Ich habe es endgültig satt, mich immer mühsam in meine Jeans hineinzwängen zu müssen.« oder »Ich bin es leid, mich dafür schämen zu müssen, was ich alles esse, und ständig ein schlechtes Gewissen zu haben.« oder »Ich will mich nicht mehr für meinen Körper schämen müssen .« Finden Sie andere Beispiele und drücken Sie in Ihren eigenen Worten aus, wovon Sie nun endgültig die Nase voll haben:

Stellen Sie eine neue neuromentale Assoziation her

Nun müssen Sie eine Assoziation zwischen der obigen Liste und den fettreichen Nahrungsmitteln herstellen, von denen Sie in Zukunft weniger essen sollen. Sie werden jetzt eine neue NMA bilden, die Ihr Unterbewußtsein in eine andere Richtung lenkt.

Imaginieren Sie ein fett- und kalorienreiches Nahrungsmittel vor Ihrem geistigen Auge, das Sie gern von Ihrem Speisezettel streichen möchten. Um dieses Nahrungsmittel herum stellen Sie sich all die Dinge vor, die Sie in der vorausgegangenen Tabelle aufgelistet haben und von denen Sie die Nase voll haben.

Tun Sie das jetzt gleich.

Sie müssen sich diese Dinge bildlich vorstellen, sonst funktioniert es nicht. Sehen Sie dieses Nahrungsmittel in Verbindung mit all den Dingen vor sich, die Sie nun endgültig satt haben. Lassen Sie Ihre Phantasie spielen – und zwar jetzt gleich.

Sobald Sie das mit einem Nahrungsmittel gemacht haben, führen Sie die gleiche Übung mit dem nächsten Nahrungsmittel durch. Sehen Sie all die Dinge, die Sie satt haben, in den grellsten Farben vor sich. Umgeben Sie das »verbotene« Nahrungsmittel in Ihrer Phantasie mit all diesen Dingen. Stellen Sie eine möglichst starke Assoziation zwischen den Nahrungsmitteln, die Sie nicht mehr essen möchten, und all den negativen Begleiterscheinungen Ihres falschen Eßverhaltens her.

Tun Sie das mit allen Nahrungsmitteln, die Sie von Ihrem Speisezettel streichen möchten. Das bedeutet natürlich nicht, daß Sie in Zukunft ganz auf diese Nahrungsmittel verzichten müssen; sie brauchen ihren Konsum nur einzuschränken. Diese Übung wird Ihnen dabei helfen, denn die Visualisierung wirkt wie ein Warnschild, mit dem diese Nahrungsmittel für Sie künftig in Gedanken verbunden sein werden. Sie dürfen sie nach wie vor essen, aber eben nur in kleinen Mengen.

Wiederholung und intensive Emotionen sind der Schlüssel zum Erfolg.

Wiederholen Sie diese Übung regelmäßig, und assoziieren Sie ein ganz intensives negatives Gefühl mit den Nahrungsmitteln, auf die Sie künftig verzichten wollen.

Kurzfristiger Genuß – langfristige Folgen

Einer der Gründe, warum wir die obige Übung machen müssen, liegt in dem zeitlichen Abstand zwischen falschem Eßverhalten und negativen Resultaten. Wenn sich gleich in dem Augenblick, in dem Sie ein Stück Sahnetorte essen, eine neue Speckfalte an Ihrem Bauch bilden würde, dann würden Sie die Torte wahrscheinlich nicht essen. Das Problem ist aber, daß Essen und Trinken Ihnen sofortige Befriedigung schenken, während die negativen Folgen, die Sie so satt haben, sich erst später zeigen. Deshalb müssen Sie mit Hilfe der obigen Übung Assoziationen zwischen bestimmten Nahrungsmitteln und deren langfristigen negativen Folgen knüpfen. Es gibt noch eine weitere NMA, die Ihnen dabei helfen kann.

Weniger essen – so erziehen Sie Ihren Magen und Ihr Gehirn um

Bestimmte Nahrungsmittel üben aufgrund ihres Aussehens und ihres Geschmacks eine unwiderstehliche Anziehungskraft auf uns aus. Unsere Vorfahren, die als Jäger und Sammler lebten, ernährten sich stets von dem, was sie in der Natur gerade vorfanden. Sie hatten nicht viel Süßes zu essen, und das tierische Fett, das sie zu sich nahmen, war kein Problem für sie, weil sie dank ihrer Lebensweise fast doppelt so viele Kalorien verbrannten wie der heutige Durchschnittsmensch. Heute steht uns eine unendliche Auswahl an kalorienreichen Nahrungsmitteln zur Verfügung, und deshalb müssen wir uns schon ein bißchen bewußter ernähren als unsere Vorfahren.

Wir müssen lernen, mehr auf unseren Magen und unseren Körper zu hören als auf unseren Geschmackssinn. Leider kommt es nur allzu oft vor, daß wir ein kalorienreiches (vor allem fettreiches) Nahrungsmittel zu uns nehmen, das uns schmeckt, und uns hinterher lähmende Müdigkeit und ein unangenehmes Völlegefühl überkommt. Eine Pizza zum Beispiel kann sehr lecker sein; aber wenn Sie so viel davon essen, bis Sie »nicht mehr können«, macht der viele fette Käse Sie schlapp und müde und vermittelt Ihnen kein angenehmes Sättigungsgefühl, sondern ein lästiges Völlegefühl. Wenn Sie dagegen auf Ihren Körper hören, legen Sie vermutlich Messer und Gabel beiseite, bevor Sie zuviel gegessen haben.

Achten Sie mehr darauf, wie Ihr Körper sich fühlt

Dazu müssen Sie:

- langsamer essen, damit die Nahrung Ihren Magen während des Essens langsam und allmählich füllen kann
- sich immer nur kleine Portionen aufladen – bei einer größeren Portion hat man oft das Gefühl, alles aufessen zu müssen, auch wenn man gar keinen Hunger mehr hat
- während jeder Mahlzeit ab und zu eine einmütige Essenspause einlegen
- nicht beim Essen fernsehen – denn wenn man sich auf visuelle Bilder konzentriert, fällt es einem schwer, gleichzeitig auch noch auf sein Körpergefühl zu achten, und dann versäumt man vielleicht die Botschaft seines Körpers: »Ich bin jetzt satt«.

Achten Sie einmal darauf, wie Sie sich nach dem Genuß von Nahrungsmitteln wie Obst, Salaten und Gemüse fühlen. Haben Sie danach jede Menge Energie und fühlen sich trotzdem leichter als nach ihrem gewohnten Essen? Hören Sie auf Ihren Körper.

Mit der Zeit wird Ihr Bewußtsein eine neue NMA bilden. Das ist dann Ihre neue Eßgewohnheit. Sie werden künftig auf die Stimme Ihres Körpers hören und Lebensmittel in der Menge und Qualität zu sich nehmen, wie Ihr Körper sie braucht.

Übung:
Visualisierung zur Bildung einer positiven NMA

Stellen Sie vor dieser Visualisierungsübung eine Liste all der positiven Dinge auf, die in Ihr Leben treten werden, wenn Sie Ihre Eßprobleme gelöst haben. Denken Sie daran, wie wunderbar Sie aussehen, wie phantastisch Sie sich fühlen werden, was für herrliche Dinge Sie tun werden usw.:

Und nun stellen Sie sich vor, wie Sie köstliche kohlenhydratreiche Mahlzeiten mit viel leckerem, frischen Gemüse essen. Malen Sie sich aus, wie Sie langsamer essen und auf die Signale Ihres Körpers hören. Und dann umrahmen Sie dieses Bild in Ihrer Phantasie mit all den wunderbaren Dingen, die Sie oben aufgelistet haben. Sehen Sie diese Szene klar und deutlich vor sich – *und zwar jetzt gleich.*

In je leuchtenderen Farben Sie Ihr inneres Bild gemalt haben und je intensiver Ihre positiven Gefühle dabei sind, um so stärker wird auch die Assoziation sein.

Sehen Sie das Bild noch einmal vor Ihrem geistigen Auge.

Teil 4: Aktionsplan

Einführung

Inzwischen sollten Sie die Ursache Ihres Gewichts-/Eßproblems kennen und auch wissen, wie Sie es lösen können. Aber dieses Wissen allein garantiert noch nicht die Lösung. Der vierte Teil meines Programms will Ihnen nun die einfachsten Wege zu einer Lösung aufzeigen.

Ihr Aktionsplan wird zehn Wochen umfassen, so daß Sie schrittweise Fortschritte machen und die Veränderungen in Ihrem Inneren sanft und behutsam in Ihr Leben integrieren können. Sie werden sich jede Woche auf drei Punkte konzentrieren:

1. selbstbewußt aufzutreten und sich durchzusetzen
2. dafür zu sorgen, daß Ihre emotionalen Bedürfnisse erfüllt werden
3. gesunde Eßgewohnheiten anzunehmen

Selbstbewußtsein und bestimmtes Auftreten

Lesen Sie noch einmal Ihr persönliches Problemprofil in dem Abschnitt zum Thema Selbstbewußtsein auf Seite 111f. Nun kennen Sie die Ursache Ihrer Eßprobleme. Überlegen Sie sich, welches Problem Sie lösen müssen, um diese Ursache zu beseitigen.

Wenn Sie das Gefühl haben, daß in diesem Problemprofil ein wichtiger Punkt fehlt, dann setzen Sie ihn nachträglich noch auf

Ihre Liste. Überlegen Sie sich zehn Situationen, in denen Sie gern selbstbewußter und bestimmter auftreten würden. Schreiben Sie das unwichtigste Problem ganz oben auf Ihre Liste und ordnen Sie dann die anderen Probleme in der Reihenfolge ihrer Wichtigkeit; das wichtigste Problem sollte ganz unten auf der Liste stehen. So eine Liste könnte zum Beispiel folgendermaßen aussehen:

1. *Komplimente annehmen:* Ich gerate in Verlegenheit, wenn andere Menschen mir Komplimente machen.
2. *Berechtigten Unmut zum Ausdruck bringen:* Ich traue mich nicht, mich im Restaurant über das Essen oder in einem Geschäft über den Service zu beklagen.
3. (Dieser Punkt steht nicht in Ihrem persönlichen Problemprofil:) *Ich entschuldige mich selbst dann,* wenn ich gar nichts dafür kann.
4. (Dieser Punkt steht nicht in Ihrem persönlichen Problemprofil:) *Ich bin bei der Bestrafung meiner Kinder niemals konsequent, weil ich ein schlechtes Gewissen habe.*
5. *Ihre persönliche Meinung zum Ausdruck bringen:* In einer Gruppe von Menschen bin ich normalerweise am stillsten.
6. *Um etwas bitten:* Ich frage meinen Arzt nie nach näheren Informationen.
7. *Liebe, Zuneigung und Vorlieben zum Ausdruck bringen:* Ich sage meinem Partner nicht, was mich sexuell erregt.
8. *Auf seine Rechte pochen:* Ich lasse mich von meiner Mutter herumkommandieren, als wäre ich immer noch ein kleines Kind.
9. *Bitten ablehnen:* Ich kann nicht nein sagen, wenn mein Chef mich bittet, Überstunden zu machen.
10. *Berechtigten Zorn zum Ausdruck bringen:* Ich fresse meine Gefühle in mich hinein – vor allem meine Wut darüber, daß mein Partner zu oft ohne mich weg geht. Deshalb bin ich innerlich ständig »auf hundert«.

Und nun stellen Sie eine Prioritätenliste auf:

Selbstbewußtes Auftreten – meine Prioritäten

1 ______________________________ (am unwichtigsten)

____

2 ______________________________

____

3 ______________________________

____

4 ______________________________

____

5 ______________________________

____

6 ______________________________

____

7 ______________________________

____

8 ______________________________

____

9 ______________________________

____

10 ______________________________ (am wichtigsten)

____

Jetzt haben Sie eine Liste von zehn Situationen, in denen Sie sich gern selbstsicherer fühlen würden und über die Sie mehr Kontrolle haben möchten. Nun können Sie Ihre Problemliste in eine Liste von Zielsetzungen umwandeln. Das tut man, indem man das betreffende Problem einfach umformuliert. Unsere Beispielliste würde sich – in zehn Zielsetzungen umformuliert – folgendermaßen anhören:

1. In Zukunft sage ich »Danke, das ist sehr nett von Ihnen«, wenn mir jemand ein Kompliment macht.
   (Schließlich habe ich wirklich viele Qualitäten, also ist es gut, wenn jemand sie zu schätzen weiß.)
2. Wenn etwas mit dem Essen nicht stimmt, werde ich es dem Kellner höflich sagen, statt leise vor mich hinzumurmeln, daß ich nie wieder in dieses Restaurant kommen werde.
   (Schließlich bin ich der Kunde und habe ein Recht, meine Meinung zu sagen; damit kann ich dem Restaurant helfen, seinen Service zu verbessern.)
3. Ich werde in Zukunft nicht mehr andauernd sagen, daß es mir leid tut. Zum Beispiel werde ich nicht mehr sagen: »Tut mir leid – ich bin es bloß«, wenn ich meinen Mann bei der Arbeit anrufe; statt dessen werde ich einfach sagen: »Hier ist Maria.«
   (Ich bin genauso wichtig wie alle anderen Menschen.)
4. Ich werde mir durch das Schmollen meiner Kinder kein schlechtes Gewissen mehr einjagen lassen, sondern konsequent bei dem bleiben, was richtig ist.
   (Wenn mein Sohn merkt, daß ich es ernst meine, wird er mich respektieren, und das wird unsere Beziehung verbessern.)
5. Ich werde anderen Menschen meine Ansichten und Ideen mitteilen.
   (Ich habe ein Recht darauf, daß meine Ideen und Ansichten gehört werden. Sie sind mir wichtig und verdienen Respekt.)
6. In Zukunft werde ich den Arzt bitten, mir alles, was ich nicht verstehe, genauer zu erklären.
   (Schließlich ist es mein Körper, und ich trage letzten Endes die Verantwortung dafür.)

7. Von jetzt an werde ich meinem Partner sagen, was mich sexuell erregt: »Ich hätte es wirklich gerne, wenn du ... Das finde ich schön ... Was würde dir denn Spaß machen?«
   (Ich möchte offen und ehrlich mit meinem Partner sein. Ich habe ein Recht darauf, um Dinge zu bitten, die mir gefallen.)
8. Ich werde meiner Mutter klarmachen, daß ich meine eigenen Entscheidungen treffen und auch die Konsequenzen daraus tragen kann, obwohl ich es natürlich nach wie vor zu schätzen weiß, wenn sie mir ihre Meinung sagt.
   (Es ist höchste Zeit, daß meine Mutter und ich endlich eine erwachsene Beziehung zueinander aufbauen. Schließlich bin ich ein erwachsener Mensch.)
9. Ich werde es höflich, aber entschlossen ablehnen, Überstunden zu machen, wenn ich es nicht will.
   (Ich möchte mir die Planung meines Lebens nicht aus der Hand nehmen lassen.)
10. Ich werde meine Gefühle zum richtigen Zeitpunkt zum Ausdruck bringen und meinem Partner sagen, daß ich mich über seine nächtlichen »Touren« ärgere.
   (Wenn mein Zorn berechtigt ist, ist es besser, ihm Luft zu machen, als ihn zu unterdrücken. Auch das ist eine Art, ehrlich und mir selbst treu zu sein.)

Zielsetzungen und Überzeugungen

Bevor Sie nun Ihre persönliche Liste aufstellen, ist es wichtig, sich klarzumachen, wie diese Problemliste zu einer Liste von Zielsetzungen umformuliert wurde. Zielsetzungen sind positive Handlungsabsichten. Sie beinhalten das, was Sie tun werden – und nicht das, was Sie *nicht* tun werden. Zielsetzungen formulieren nicht einfach nur das Problem, sondern die Lösung. Deshalb ist dieses Umformulieren so wichtig.

Es lenkt Ihr Unterbewußtsein in die gewünschte Richtung.

In der obigen Liste steht hinter jeder Zielsetzung noch ein Satz in Kursivschrift. Diese Sätze beinhalten Überzeugungen, die ebenso wichtig sind wie das Ziel selbst. Sie müssen positive Ansichten über sich selbst entwickeln und sie zum Fundament Ihrer Handlungen machen. Sie müssen daran glauben, warum Sie etwas tun, sonst funktioniert es nicht. Wenn Sie Ihre Liste aufstellen, sollten Sie daher immer die Ihren Zielsetzungen zugrunde liegenden Überzeugungen dazuschreiben, die Ihnen die Kraft geben, Ihr Ziel auch zu erreichen, so wie ich es in der obigen Beispielliste getan habe.

Und nun schreiben Sie Ihre Zielsetzungen in der Reihenfolge ihrer Priorität auf, indem Sie Ihre Selbstbewußtseins-Prioritätenliste umformulieren. Das Ziel, das für Sie die niedrigste Priorität hat, sollte an erster Stelle stehen.

Zielsetzungs-Prioritätenliste
(mit den dazugehörigen positiven Überzeugungen)

1. ______________________________

____

2. ______________________________

____

3. ______________________________

____

4. ______________________________

____

5. ______________________________

____

6. ______________________________

7. ______________________________

8. ______________________________

9. ______________________________

10. ______________________________

Zielerreichungsphantasie

Jetzt haben Sie Ihre Selbstbewußtseins-Ziele in der Reihenfolge ihrer Prioritäten aufgelistet. Ehe Sie sich auf die nun folgende Phantasiereise begeben, lesen Sie Ihre Liste noch einmal durch, und denken Sie über jedes Ihrer Ziele kurz nach. Als nächstes lesen Sie den Text der Phantasiereise und visualisieren Sie dann alles, was dort passiert, ganz genau.

Übung:
Sie gehen die Straße entlang und sehen eine Polizeinotruf-Telefonzelle ... Neugierig werfen Sie einen Blick hinein ... Das ist doch tatsächlich eine Zeitmaschine! Die Gebrauchsanleitung ist einfach zu verstehen, und Sie stellen den Zeiger der Uhr ein halbes Jahr weiter – in die Zukunft. Sie möchten sehen, in welcher Hinsicht sich Ihr Leben verändert hat, wenn Sie Ihre zehn Ziele erreicht haben. Sie haben sich für ein halbes Jahr entschieden, weil die Menschen in Ihrem Umfeld dann genügend Zeit haben, Ihren Widerstand gegen Ihre Veränderungen aufzugeben und mehr Respekt vor Ihnen zu entwickeln.

Atmen Sie tief durch, und drücken Sie auf den Knopf. Sie hören ein seltsames Pfeifgeräusch... Lichter blitzen auf... Dann herrscht Stille ... Der elektronische Kalender zeigt an, daß die Zeitmaschine Sie sechs Monate in die Zukunft befördert hat. Jetzt können Sie dem Computer den Befehl geben, Ihnen auf einem großen Bildschirm Bilder von sich zu zeigen, so wie Sie jetzt aussehen ... Es ist unglaublich: Sie sehen tatsächlich Ihr Wunschbild von sich selbst vor Augen. Der Bildschirm zeigt Ihnen Ihr neues Ich in allen zehn Problembereichen – einem nach dem anderen. Sehen Sie vor sich, wie Sie Ihre Ziele erreicht haben und sich jetzt in allen zehn Situationen mit Leichtigkeit und Selbstbewußtsein bewegen.

Was für eine Kleidergröße haben Sie auf dem Bildschirm? Wenn Ihnen Ihre Größe gefällt, ist alles in Ordnung: Dann haben Sie die richtigen Zielsetzungen gewählt, um Ihre Eßprobleme zu lösen.

Falls Ihre Kleidergröße Ihnen nicht zusagt, begeben Sie sich noch einmal auf Phantasiereise und verändern Sie Ihre Figur so, daß sie Ihnen gefällt ... Stellen Sie sich vor, wie Sie in dieser anderen Kleidergröße ebenso selbstsicher auftreten ...

Wenn es Ihnen nicht gelingen sollte, sich in der gewünschten Kleidergröße vor Ihrem geistigen Auge zu sehen (obwohl Sie alle geplanten Veränderungen vorgenommen haben und selbstsicher und bestimmt auftreten), fügen Sie jetzt noch Ihre acht Herzenswünsche – Ihre emotionalen Bedürfnisse – hinzu. Stellen Sie sich vor, daß all diese Bedürfnisse hundertprozentig erfüllt sind. Und jetzt gehen Sie noch einmal auf Ihre Phantasiereise. Wie sehen Sie in sechs Monaten aus, und wie fühlen Sie sich?

Ehe Sie sich dem nächsten Abschnitt zuwenden, überlegen Sie sich noch einmal, ob die Ziele, die Sie sich gesetzt haben, auch wirklich die richtigen sind.

Vielleicht möchten Sie dieses Programm noch einmal ganz von

vorn durcharbeiten. Viele Menschen entdecken ganz neue Aspekte, wenn Sie sich ein zweites Mal mit demselben Material beschäftigen. Dieses Programm enthält Ideen, für die man Zeit braucht, um sie voll und ganz zu verstehen. Wenn Sie einen Film zum zweiten Mal sehen oder ein Buch zum zweiten Mal lesen, staunen Sie ja schließlich auch manchmal darüber, wieviel Ihnen beim ersten Mal entgangen ist. Es kann Ihnen auch weiterhelfen, erst einmal zu beobachten, was für emotionale Faktoren Ihr Eßverhalten beeinflussen, ehe Sie sich endgültig auf Ihre zehn Ziele festlegen.

Wie Sie Ihre Ziele erreichen können

Sie werden Ihre Ziele erreichen, wenn Ihr Bewußtsein und Ihr Unterbewußtsein zusammenarbeiten. Ihr Unterbewußtsein funktioniert so ähnlich wie ein Auto: Es ist sehr stark, muß aber in eine bestimmte Richtung gelenkt werden. Sie müssen Ihrem Unterbewußtsein regelmäßig klare und deutliche Anweisungen geben. Es ist manchmal ein bißchen störrisch und muß oft erst in die richtige Richtung geschoben werden. Doch sobald es eine klare Vorstellung davon hat, was Sie von ihm wollen, werden Sie staunen, wie gut es für Sie arbeitet. Dann können Sie die gewünschten Erfolge ganz mühelos erzielen.

Da Sie jetzt klar definierte Ziele haben, können Sie Ihrem Unterbewußtsein auch klare und deutliche Anweisungen geben.

Um Ihren Erfolg aufzubauen, ist es wichtig, mit dem am leichtesten erreichbaren Ziel anzufangen und sich dann Schritt für Schritt bis zu dem Ziel vorzuarbeiten, das am schwersten zu erreichen ist. Sie sollen nicht »ins kalte Wasser springen«, sondern die Sache langsam und schrittweise angehen. Am besten motivieren Sie sich durch Wunsch und Erfüllung. Je mehr Sie sich die Erreichung Ihrer Ziele wünschen, um so wahrscheinlicher ist der Erfolg. Dieser Erfolg wird Sie weiter motivieren; Ihr Selbstvertrauen wird wachsen, und Sie werden die guten Gefühle genießen, die daraus automatisch entstehen.

Also werden Sie in Woche 1 unseres Zehn-Wochen-Programms mit Ziel Nummer 1 – dem unwichtigsten Ziel – beginnen. Dadurch, daß Sie sich immer nur auf ein Ziel konzentrieren, dürfte es Ihnen gelingen, all Ihre Ziele hundertprozentig zu erreichen. Und da Sie mit dem Ziel beginnen, das am wenigsten wichtig für Sie ist, werden Sie weniger Hemmungen haben, zu experimentieren und auch Fehler zu machen – auch das ist ein Teil Ihres Lernprozesses. Anschließend absolvieren Sie die restlichen neun Wochen des Programms und nehmen sich jede Woche ein neues Ziel vor. Wenn Sie dann allmählich zu Ihren wichtigeren Zielen vordringen, werden Ihnen die Erfolge, die Sie bei den weniger wichtigen Zielen schon erreicht haben, Mut und Selbstvertrauen geben.

Sie werden sich aber nicht nur Ihre Selbstbewußtseins-Ziele vornehmen, sondern zusätzlich auch etwas für die Erfüllung Ihrer acht Herzenswünsche tun. Wir wollen uns diese Herzenswünsche nun noch einmal genauer ansehen:

1. Liebe und Unterstützung von Ihren Eltern
2. Liebe und Unterstützung von Freunden und Familie – und viel Spaß mit diesen Menschen
3. Liebe, Unterstützung und Anerkennung von Gleichaltrigen und Kollegen
4. Liebe und Unterstützung innerhalb Ihrer Partnerbeziehung
5. Liebe und Zuwendung von sich selbst
6. Einem Menschen, der von Ihnen abhängig ist, Liebe und Unterstützung geben
7. Etwas für die Gemeinschaft tun
8. Die Beziehung zu einer spirituellen Dimension

Um welchen dieser Herzenswünsche müssen Sie sich am meisten kümmern? Welcher schreit am lautesten nach Erfüllung? Denken Sie darüber nach, wie es sich auf Sie und Ihr Leben auswirken würde, wenn sich nacheinander alle Ihre Bedürfnisse erfüllen würden.

Und nun stellen Sie eine Prioritätenliste Ihrer emotionalen Bedürfnisse auf. Aber diesmal gehen Sie anders vor als bei Ihrer Selbstbewußtseins-Prioritätenliste: Setzen Sie den Herzenswunsch, dessen Erfüllung für Sie am wichtigsten ist, ganz oben auf Ihre Liste. Denn es kann eine Zeitlang dauern, bis Ihre Arbeit an der Erfüllung Ihrer Herzenswünsche Früchte trägt. Daher sollten Sie mit dem Wunsch beginnen, dessen Erfüllung die positivsten Auswirkungen auf Sie haben wird. Lesen Sie noch einmal den Teil des Programms nach, in dem diese Wünsche ausführlich erläutert werden (s. S. 123 ff.).

Herzenswünsche – Prioritätenliste

1. ______________________________ oberste Priorität

____

2. ______________________________

____

3. ______________________________

____

4. ______________________________

____

5. ______________________________

____

6. ______________________________

____

7.

8. niedrigste Priorität

So lenken Sie Ihr Unterbewußtsein in die richtige Richtung

Dieser Abschnitt des Programms ist sehr wichtig für Ihren Erfolg. Denn zu wissen, was Sie tun müssen, ist das eine – das andere aber ist, es dann auch wirklich zu tun. Es nützt Ihnen nicht viel, diesen Abschnitt durchzulesen, ohne die darin enthaltenen Prinzipien in die Praxis umzusetzen.

Führen Sie die nun folgenden Übungen in den nächsten Wochen der Reihe nach für jedes Ihrer Ziele durch. (In Woche 1 werden Sie beispielsweise an Ziel Nummer 1 arbeiten.)

Affirmationskarten für die einzelnen Wochen

Legen Sie drei leere Karten bereit und schreiben Sie oben in die Ecke jeder Karte »Woche 1« bis »Woche 10« Als nächstes schreiben Sie in dicken, fetten Buchstaben Ihr jeweiliges Selbstbewußtseinsziel auf die zehn Karten und setzen Sie die Überzeugung hinzu, die dahinter steht.

Zum Schluß schreiben Sie auf, was Sie tun werden, damit sich Ihr Herzenswunsch erfüllt. Das tun Sie am besten erst zu Beginn jeder neuen Woche, denn es ist schwer vorauszusagen, was für Fortschritte Sie machen werden.

Es spricht nichts dagegen, an mehreren Herzenswünschen gleichzeitig zu arbeiten – vielleicht in verschiedenen aufeinander aufbauenden Schritten. Zum Beispiel müssen Sie vielleicht jetzt schon Vorkehrungen für Ihren »Wohlfühltag« treffen und gleichzeitig nach Interessengruppen in Ihrer Umgebung recherchieren oder zu meditieren beginnen.

In unserem Beispiel ging es beim ersten Ziel darum, Komplimente problemlos annehmen zu können. Wenn der Herzenswunsch, der bei Ihnen am dringendsten erfüllt werden muß, »Liebe, Unterstützung und viel Spaß mit Freunden« lautet (und wenn in Ihrem Leben vor allem der Spaß fehlt), könnte Ihre Affirmationskarte folgendermaßen aussehen:

Woche 1

Ziel:
In Zukunft sage ich »Danke, das ist sehr nett von Ihnen«, wenn mir jemand ein Kompliment macht.

Überzeugung:
Schließlich habe ich wirklich viele Qualitäten, also ist es gut, wenn jemand sie zu schätzen weiß.

Erfüllung eines Herzenwunsches:
Margit anrufen und sie fragen, ob sie mit mir für ein Wochenende nach Amsterdam fahren möchte.

Tragen Sie Ihre Wochen-Affirmationskarte stets bei sich, und schauen Sie sie jeden Tag zwischendurch immer wieder einmal an. Sie ist Ihre besondere Helferin. Schenken Sie sich selbst Liebe, Zuwendung und Unterstützung. So wird es Ihnen gelingen, sich darauf zu konzentrieren, was Sie tun müssen.

Tun Sie jetzt den ersten Schritt.

Es gibt drei Visualisierungen, die Ihnen bei der Erreichung Ihres wöchentlichen Ziels helfen können. Um sich Zugang zu den tieferen Ebenen Ihres Unterbewußtseins zu verschaffen (denn genau das erreicht man mit Visualisierungen), ist es hilfreich, erst einmal eine passende Atmosphäre dafür zu schaffen:

- Erledigen Sie zuerst einmal alle Ihre Aufgaben für diesen Tag, damit sie Sie nicht beschäftigen und ablenken.
- Finden Sie ein paar Minuten Zeit, in denen Sie sich entspannen können und nicht gestört werden. Legen Sie den Hörer neben das Telefon oder ziehen Sie den Stecker heraus.
- Wenn es Ihnen schwerfallen sollte, sich zu entspannen, tun Sie zunächst einmal etwas, was Ihnen beim Abschalten hilft (Sie können zum Beispiel ein heißes Bad nehmen, ein paar Dehnübungen machen oder Entspannungsmusik hören).
- Nun bereiten Sie sich auf die Visualisierung vor, indem Sie fünf tiefe, langsame Atemzüge tun. Atmen Sie durch die Nase ein und mit einem tiefen Seufzer durch den Mund wieder aus, und sagen Sie dabei das Wort »Entspannen« vor sich hin.
- Setzen Sie sich aufrecht auf einen Stuhl oder Sessel. Ihre Hände ruhen in Ihrem Schoß; die Handflächen zeigen nach oben. Lockern Sie Ihre Schultern.
- Schließen Sie die Augen.
- Sagen Sie laut: »Ich bitte darum, daß jetzt unendliche Liebe und Heilung in mein Herz kommt.« Wiederholen Sie diesen Satz mindestens zehnmal laut.
- Wiederholen Sie den Satz »Ich bitte darum, daß jetzt unendliche Liebe und Heilung in mein Herz kommt« in Gedanken so lange, wie Sie möchten.

Jetzt sind Sie sicher schon viel ausgeglichener und ruhiger. Sobald Sie innerlich dazu bereit sind, können Sie mit den Visualisierungen beginnen.

Übung:
Visualisierung 1: Zielerreichung (bitte jeden Tag machen)

1. *Stellen Sie sich ein paar Minuten lang vor, Sie hätten Ihr Wochenziel bereits erreicht. Sehen Sie diese Situation in möglichst vielen Details vor sich; malen Sie sich aus, was Sie jetzt sagen und tun …*
   Wie wirkt sich das auf Ihr Selbstwertgefühl aus?

2. *Sobald Sie die betreffende Szene problemlos vor Ihrem inneren Auge ablaufen lassen können, bauen Sie Probleme ein, die die andere Person (bzw. die anderen Personen) Ihnen bereitet. Stellen Sie sich vor, daß die anderen gegen Ihr neues selbstbewußtes Auftreten Widerstand leisten … Und malen Sie sich aus, wie Sie damit fertig werden, ohne sich aufzuregen. Sie bleiben ganz kühl und gelassen und behalten die Situation unter Kontrolle.*

Üben Sie diese Visualisierungen, bis Sie sie so deutlich vor Ihrem inneren Auge sehen, daß Sie daran glauben, daß sie Wirklichkeit werden. Denken Sie daran:
Ihre Überzeugungen sind Ihre Realität.

Visualisierungen 2 und 3: Essen und Ihr Körper (bitte jeden Tag machen)

1. *Stellen Sie sich eine Essenssituation vor, in der Sie sich genau so verhalten, wie es Ihrer Zielvorstellung entspricht. Malen Sie sich aus, wie Sie gutes Essen genießen und langsam essen … Stellen Sie sich vor, daß Sie jetzt satt sind, nachdem Sie nur eine mäßige Portion gegessen haben … Sie hören auf die Signale Ihres Körpers und hören gern mit dem Essen auf, wenn Sie satt sind … Und Sie haben jede Menge Energie …*

2. *Sehen Sie sich vor Ihrem inneren Auge mit einer Figur, die realistisch und für Sie akzeptabel ist … Genießen Sie Ihr Aussehen … nicht nur die Figur, sondern auch Ihre glückliche, gesunde Ausstrahlung.*

Visualisierungen im Bus, im Zug usw.

Praktizieren Sie Ihre Visualisierungen nicht nur zu dem dafür vorgesehenen Zeitpunkt, sondern versuchen Sie es an verschiedenen Orten und zu verschiedenen Zeiten. Wir hängen oft Tagträumen nach, wenn wir im Bus oder im Auto aus dem Fenster schauen. Wenn Sie gerade etwas Schweres durchgemacht haben, steigen leicht negative Gedanken in Ihnen auf, wenn Sie sich solchen Tagträumereien hingeben. Denken Sie daran: Dunkelheit ist nichts anderes als das Fehlen von Licht – also bringen Sie Licht in Ihre Gedanken, indem Sie Ihre Ziele visualisieren.

Und wenn das Visualisieren nicht gelingt?

Wenn das Visualisieren Ihnen schwerfallen sollte, ist das nicht so schlimm, denn die Visualisierungen sind nur ein Teil Ihrer Zielerreichungsstrategie. Statt dessen können Sie auch mehr Zeit dafür investieren, Ihre Affirmationen laut vor sich hin zu sprechen.

Jetzt wird es ernst …

All die Energie, die Sie investiert haben, um sich selbst besser kennenzulernen, die Prinzipien selbstbewußten Auftretens und emotionaler Bedürfniserfüllung zu verstehen, Ihre Affirmationskarten zu schreiben und Ihre Visualisierungen zu üben, wird jetzt, wenn Sie diese Situationen tatsächlich im Alltag erleben, reichlich Früchte tragen. Hier noch ein paar zusätzliche Tips:

- *Lampenfieber? Kein Problem!*

Einige der neuen Verhaltensmuster, die Sie sich vorgenommen haben, werden Ihnen anfangs vielleicht ein wenig Angst einjagen. Das ist ganz normal, wenn man etwas Neues tut. Jeder Schauspieler kann Ihnen sagen, daß ein kleiner Adrenalinstoß ihn zu besseren Leistungen anspornt. Am Anfang kommen Sie sich vielleicht tatsächlich vor wie eine Schauspielerin; doch mit der Zeit werden Sie sich mit Ihrer neuen Rolle identifizieren und ein ausgeglichener, selbstbewußter Mensch werden.

- *Fehler sind etwas ganz Normales*

Machen Sie sich keine Sorgen darüber, daß nicht von Anfang an alles perfekt läuft und Sie vielleicht Fehler machen. Lernen Sie aus Ihren Fehlern. Fehler sind eine Chance, etwas zu lernen. Lassen Sie den Wunsch, sich zu verändern, so stark werden, daß Schwierigkeiten Sie nicht vom Erfolg abhalten können.

- *Und vergessen Sie das Lachen nicht!*

Obwohl das alles sehr ernst ist, sollten Sie dabei auch den Humor nicht vergessen. Wenn Sie über sich selbst lachen können, wissen Sie, daß Sie Fortschritte machen. Wenn man selbstbewußt ist, kann ein Lächeln einem über so manche Durststrecke hinweghelfen.

Zum Abschluß

Sie haben es bis hierher geschafft – Glückwunsch!

So gut wie alle meine Klientinnen, die die Ideen dieses Programms in die Praxis umsetzten, haben ihre Ziele bezüglich ihres Gewichts und ihres Eßverhaltens erreicht. Und dabei entdeckten sie erst im nachhinein, daß ihr Leben sich dadurch praktisch in jeder Hinsicht verbesserte. Ich hoffe, daß Sie eine ähnlich angenehme Überraschung erleben werden.

Sie werden dieses Programm einige Male lesen müssen, um die Ideen darin voll und ganz zu verstehen. Benutzen Sie es als Handbuch zum Nachschlagen bei der Erreichung Ihrer Ziele.

Sie werden jetzt mit einem Zehn-Wochen-Aktionsplan beginnen, der für viele Menschen jedoch Teil eines langfristigen persönlichen Wachstums- und Entwicklungsprozesses wird. Es kann Monate, ja sogar Jahre dauern, bis Sie die neuen Empfindens- und Verhaltensweisen voll und ganz in Ihr Leben integriert haben. Genießen Sie diesen Prozeß der Veränderung und des inneren Wachstums. Lieben Sie sich selbst und andere Menschen.

Anhang

Zehn-Wochen-Aktionsplan

Sie müssen während Ihres Programms zehn Wochenpläne ausfüllen. Machen Sie sich von der folgenden Tabelle zehn DINA-4-Kopien – für jede Woche eine. Aktualisieren Sie Ihre Tabelle jeden Abend, solange die Ereignisse und Gefühle in Ihrem Gedächtnis noch frisch sind. Falls Sie mehr Platz brauchen sollten, heften Sie ein separates Blatt Papier an. Füllen Sie am Ende einer jeden Woche die Fächer für Ihren Herzenswunsch und zur Bewertung Ihres Selbstbewußtseins aus.

Viel Glück!

Woche Nr. **Datum**

Visualisierung	So	Mo	Di	Mi	Do	Fr	Sa
Affirmationen							

Setzen Sie jeden Tag ein ☑ in das entsprechende Kästchen

Herzenswünsche

Nicht erfüllt	Halb erfüllt	100%ig erfüllt

Emotionale Bedürfnisse (jeweils am Ende der Woche ausfüllen)

Veränderungen in meinen Gefühlen und in meinem Verhalten

Veränderungen in meinen Eßgewohnheiten

Ich finde mich scheußlich — Ich finde mich toll

Selbstwertgefühl (jeweils am Ende der Woche ausfüllen)

Was ich an mir mag

Neue Selbsterkenntnisse

Andere Gedanken und Botschaften an mich selbst

Selbstbewußtseinsziel der Woche

Was ich diese Woche für die Erfüllung meiner emotionalen Bedürfnisse tun will